**보훈과
교육**

보훈공단
보훈교육연구원

보훈문화총서

16

보훈과
교육

보훈교육연구원 기획
이찬수 옥장흠 김동심 채경희 서운석 지음

보훈문화, 우리 사회의 안정적 토대

어떤 공동체든 이들 조직을 위해서 발 벗고 나서는 사람이 없다면 그 공동체는 곧 유명무실해지거나 소멸해 버린다. 그러니 이들 공동체의 안정적 발전을 위해서는 그 조직을 위하여 헌신하고 희생한 사람들을 잊지 말아야 한다. 왜냐하면 이런 사람들을 그 조직이 적극적으로 돌보지 않는다면 그 후로는 누구도 그렇게 하지 않을 것이기 때문이다. 이런 행위가 바로 공동체를 지탱하는 원리라고 할 수 있으며, 이런 원리를 국가에 적용하면 더욱 명백해진다. 즉, 국가를 위해서 헌신하고 희생한 이들과 그들의 가족을 돌보고 보살피는 것은 국가의 마땅한 도리이다.

이런 차원에서 보훈은 국가가 주권과 영토를 유지하고 발전하는 과정에서 수많은 국가유공자들의 희생이 있었기 때문이라는 것을 인정하고, 그에 대한 보답은 국가와 국민의 기본적 책무라는 인식에 기초해 그들의 명예로운 생활이 유지·보장되도록 하는 것이다. 다시 말해 국가를 위한 헌신이 명예롭고 존중받는다는 확고한 믿음을 가지게 함으로써 국가공동체의 구성원들이 국가가 위기에 처했을 때 두려움을 떨치고 달려 나갈 수 있게 만드는 것이다. 이런 보훈의 내용은 직접적으로는 국가유공자들의 공헌과 희생에 대해 응분의 물질적·정신적 보상을 하는 것이며, 궁극적으로는 국가유공자들의 공헌과 희생을 온 국민의 애국정신으로 승화시켜 공동체의식과 정체성을 배양하고, 국가와 사회를 건강하게 유지, 발전시켜 나가는 과정이다.

보훈은 모든 국민에게 국가를 위한 헌신을 잊지 않고 보답하는 나라임을 인식시켜 대한민국에 대한 믿음과 신뢰를 확고히 하는 것이라고 했다. 이처럼 보훈의 본질은 국가를 위해 희생하고 공헌한 사람들에 대한 사회적 보답이다. 오늘의 우리 사회는 조국 독립과 국가수호, 민주화, 그리고 국민의 생명과 재산 보호를 위한 국가유공자의 희생과 헌신 위에 서 있다. 이런 국가유공자의 희생과 헌신은 우리 사회가 좀더 공정하고 평화로운 세상이 되도록 하는 것이 목표이다. 그래서 이런 정신을 국민과 미래세대에 전하는 보훈은 국민의 마음을 하나로 모으는 통합의 힘이며 국가 발전의 동력이다.

보훈의 의미는 국가공동체를 위한 기여와 공헌의 정신을 바탕으로 국가와 사회의 안녕과 발전에 기여하는 일이다. 이런 헌신에 대해 감사할 줄 알고, 국가유공자에 대한 예우의 의미에 대해서도 공감하며, 이들이 자긍심을 느낄 수 있도록 하는 것이 자연스런 보훈의식이자 민주시민의 자세이다. 그리고 이런 의식과 자세는 바로 우리 사회의 보훈문화로 연결된다. 나라를 위한 헌신을 존중하고, 그 가치를 소중한 정신적 자산으로 보존하고 가꾸는 것은 나라의 미래를 위해 대단히 중요한 일이다. 이런 보훈문화는 국가통합과 사회발전의 바탕이며, 우리 사회를 평화롭고 공정하게 만들어 나가려는 자세와 노력이라고 할 수 있다.

　　이러한 의미를 확산하기 위하여 보훈교육연구원에서는 일반 국민이 쉽게 접근할 수 있도록 대중적 차원의 「보훈문화총서」를 기획하고 지속적으로 출판하고 있다. 국가와 국민 사이에 보훈에 대한 공감대를 만들고 넓히기 위한 기초를 다지는 일이라고 할 수 있다. 많은 사람들이 이 보훈문화총서를 접하고 우리 사회에서 보훈문화에 대한 관심과 지지가 확산되었으면 좋겠다.

2022년 6월

보훈선양과 보훈교육,
그 공공철학적 접점

이 찬 수_ 전 보훈교육연구원장

1. 들어가는 말: 보훈교육의 법적 기초

보훈은 국가를 위한 희생과 공헌[勳]에 물심양면으로 보답하는 행위[報]이다. 보답의 주 내용은 물질적 지원과 희생·공헌 정신의 선양이라는 두 축으로 이루어져 있다. 이 가운데 선양(宣揚)은 보훈 정신을 널리 알리고 떨치는 행위를 의미한다. 넓은 의미에서 보훈교육의 다른 이름이라고 할 수 있다. 보훈 정신의 선양이 보훈교육의 핵심이자 목적이라는 뜻이라고도 할 수 있다.

정부에서는 보훈 정신의 선양 혹은 교육의 정당성을 확보하기 위해 「국가보훈기본법」(이하 「기본법」)을 설치했고, 그 안에 다음과 같은 규정을 두었다: "국가와 지방자치단체는 희생·공헌자의 공훈과 나라사랑정신을 선양하고, 국가보훈대상자를 예우하는 기반을 조성하기 위하여 노력하여야 한다."(제5조) 구체적으로는, 보훈 관련 추모 및 기념사업과 함께 다음과 같은 '공훈선양사업'을 추진해야 한다(제23조)고 규정했다: "①희생·공헌자의 공훈과 나라사랑정신을 선양하기 위한 시설의 설치·관리, ②국민의 나라사랑정신 함양 교육, ③그 밖에 희생·공헌자의 공훈과 나라사랑정신을 기리는 사업."

이 가운데 우리의 주제와 관련해 중요한 것은 ②번이다. "국민의 나라사랑정신을 함양하기 위한 교육"으로 국가를 위한 희생과 공헌의 정신을 선양하겠다는 것이다. 여기에는 국민의 협조가 필요하다. 「기본법」에서도 국민에게도 보훈 관련 책무가 있다고 명시해 두었다: "모든 국민은 희생·공헌자의 공훈과 나라사랑정신을 존중하고 선양하기 위한 국가와 지방자치단체의 시책에 적극 협력하여야 한다."(제6조)

요약하면, 보훈은 '국가와 지방자치단체의 책무'이며, 국민은 국가의 시책에 '적극 협력해야 할 책무'를 지닌다는 것이다. 국민이 정부의 보훈 정책에 협조하지 않으면 공훈에 대한 보답이 구체화되기 힘들다는 문제의식의 반영이다. 국가에 의한 보훈 정신의 선양과 그에 대한 국민적 협조 규정이 보훈교육의 법률적 기초라고 할 수 있다.

그런데 이러한 책무 규정에 문제가 없는 것은 아니다. 그 문제의식은 크게 세 가지로 정리해볼 수 있다.

첫째, 국가가 추진하는 보훈 정책에 대한 국민의 협조가 국민의 '책무'(責務, 마땅히 해야 할 책임과 의무)라는 규정에서, '협조'가 어떻게 '책무'가 될 수 있는지 논리의 문제이다. 이 글에서는 자발성을 전제로 하는 '협조'를 '책무'라는 강제 규정으로 뒷받침하고 있는 법적 규정의 논리적 비약을 비판적으로 분석하고 그 대안을 교육철학적 원리를 중심으로 모색해보겠다.

둘째, 보훈정신의 선양을 위한 국가 주도적 교육의 실효성 문제이다. 대한민국은 국민의 교육을 일종의 권리이자 의무로 규정하고서 정부 차원에서 공교육을 제도화하고 있다. 그러나 점점 더 정부 주도의 교육을 받지 않을 권리, 개인이나 소집단이 자발적으로 교육할 권리 등 교육과 관련된 아래로부터의 대안적 목소리가 커지고 있다. 4차 산업혁명에 기반한 전 세계 연결망의 급속한 확대 및 초국가화의 흐름을 타고서 공교육의 내용도 급격히 변하고 있다. 이 상황에 국가 주도의 보훈선양에 대한 국민적 협조의 책무를 어떻게 이끌어내야 할 것인지가 이 글에서 두 번째 고민해야 할 내용이다.

셋째, 보훈은 개인과 개인 사이에 벌어지는 일이 아니다. 보훈은 기본적으로 국가가 개입해야 하는, 공적 가치에 기반한 공적(公的) 영역이다. 그런데 공적 영역도 사적 영역과의 조화를 통해 구체화된다. 보훈교육은 공적 영역과 사적 영역의 만남, 이를 통한 공공성의 확보를 지향해야 한다. 이 글에서는 공교육에 담겨있는 공(公)과 사(私)의 긴장을 조화로 전환시켜 보훈교육에서도 공공성을 확보해야 한다는 내용을 담을 것이다. 이때 보훈의 공공성은, 공공철학자 김태창의 언어로 하면, 사적 영역을 살리며 공적 영역을 열어가는, 즉 '활사개공(活私開公)'의 공공성이어야 한다. 이런 문제의식을 바탕으로 보훈교육의 현장으로 한발씩 들어가 보자.

2. 보훈교육, 의무와 자율 사이에서

1) '협조'와 '책무' 사이의 긴장

「기본법」의 표현을 살려 '보훈'을 다시 한 번 정의하면 다음과 같다: "국가를 위하여 희생하거나 공헌한 사람의 숭고한 정신을 선양하고 그와 그 유족 또는 가족의 영예로운 삶과 복지 향상을 도모하며 나아가 국민의 나라사랑정신 함양에 이바지"하는 행위 (제1조).

전술했듯이, 보훈은 국가와 지방자치단체의 책무이자, 국민도 그에 적극 협조해야 할 책무를 지닌다.(제6조), 나아가 희생 및 공헌자와 유가족 등 관계자는 국민의 귀감이 되도록 품위를 유지해야 한다(제7조)는 규정도 있다. 이처럼 「기본법」에서는 책무라는 표현을 쓰면서까지 국가와 국민의 의무를 강조한다.

그런데 국민이 보훈 정책에 협조해야 할 책무가 있다는 규정은 좀 더 해설이 필요하다. 국가를 위한 희생과 공헌에 국가가 보답하는 것은 논리적으로 당연하다. 국가가 국민으로 구성된다는 점에서 보훈에 국민의 역할이 있어야 한다는 것도 자연스럽다.

하지만 국민이 '협조해야 할 책무'를 지닌다는 문장은 어색하다. '협조'는 자율적 행위인데 반해 '책무'는 강제 규정이라는 점에서 그렇다. 일종의 '강제적 협조'는 형용모순이다. 이 어색한 조합에 대한 좀 더 설득력 있는 해명과 논리가 필요하다.

가령 노동, 납세, 국방, 교육의 의무 등 그동안 알려져 온 국민의 의무는, 그 의무를 다하면 어떤 식으로는 대가가 돌아오거나 어느 정도 구체적인 효과가 나타난다. 노동을 하면 보수가 따르고, 세금을 내야 국가가 운영될뿐더러 납세자에게 복지 혜택으로 돌아오며, 병역을 이행해야 국가가 혹시 모를 외부의 침략으로부터 안전해지고, 교육을 받으면 개인의 성숙과 발전에 도움이 된다. 이런 사실과 원리를 국민이 직감적으로 안다. 최근 강조되고 있는 '환경보전의 의무'도 환경파괴로 인한 막대한 폐해를 대다수 국민이 실감하며 자발적으로 실천하는 이들도 많아지고 있다.

그런데 국가의 보훈 정책에 국민이 적극 협조하면, 국민에게는 어떤 혜택으로 돌아오고, 어떤 효과가 있는 것일까? 국민은 어떻게 협조해야 하는 것일까. 그 혜택을 국민 개개인이 느끼기까지의 과정은 워낙 길고 효과도 구체적으로 와 닿지 않는다. 어떤 이가 협조하지 않는다고 해서 무슨 심각한 차이가 발생하는 것도 아니고, 당장 그에게 무슨 불이익으로 다가오지도 않는다. 정부나 지방자치단체가 보훈정책을 이행하지 않으면 행정 당사자에게 일정 부분 구체적인 책임을 물을 수 있지만, 국민 개개인이 협조하지 않았을 때에 어떤 책임을 물을 수 있는지도 불명확하다. 극단적 가정이기는 해도, 일제강점기에 목숨 걸고 독립운동을 한 사람도 많았지만, 독립운동과 무관하게 살던 대로 그냥 살던 사람도 적지 않았다. 그 부류의 사람들은 지금도 국가를 위한 특별한 협조 없이 그냥 살던 대로 살고 있을 가능성이 크다.

국가의 보훈정책에 협조하는 것이 국민의 '책무'라고 법률로 규정하려면, 그 책무를 다했을 때 어떤 효과가 나타나는지, 나에게는 무슨 의미가 있는지 좀 더 구체적이고 설득력 있게 제시해야 한다. 법적 규정과 개인이 느끼는 효과 및 혜택 사이의 논리적 공백과 심정적 거리를 메우면서 국민에게 공감적으로 다가가야 한다. 만일 개인이 직접 느낄 수 있는 구체적 효과를 제시하기 힘들다면, 적어도 그 필요성이라도 적극적으로 인식할 수 있는 토대를 다져야 한다. 이때 분명하게 구분해야 할 한 가지가 있는데, '법률'이라는 용어이다.

2) 원칙적 '법'과 자발적 '율'

한자어 '법률'은 법(法)과 율(律)의 합성어이다. 이때 '법'이 추상적 원칙이나 의무와 같다면, '율'은 인간에 의해 실행되어야 할 구체적 의무이다. 법이라고 하는 것은 인간이 구체적으로, 특히 자율적으로 실천할 수 있을 때 비로소 법으로서의 의미가 있다. '법률'은 '법'이라는 큰 틀의 도리가 '율'이라는 실천으로 뒷받침될 때 완성되는 어떤 원칙이다. 법률이 법률로서 의미가 있으려면 일방적 강제성에 의존하기보다는 실천자의 내적 공감과 자율성을 확보하는 것이 더 중요하다는 말이다.

이때 '율'이 자발적으로 작동할 수 있으려면 그렇게 움직이도록 하는 일종의 동기와 동력이 필요하다. 내가 그에 따랐을 때 따라올 효과 혹은 발전적 미래에 대한 확신 같은 것이 있어야 한다. 무엇보다 법의 취지가 국민에게 두루 공감되어야 한다. 「기본법」의 경우는 특히 더 그렇다.

「기본법」에 의하면 보훈의 실질적인 목적은 '국민통합'과 '국가발전'에 있다.(제2조) 이런 목적이 효과적으로 달성되도록 하려면, 협조의 대가로 국민통합과 국가발전이 확보된다는 것을 국민이 구체적으로 느낄 수 있어야 한다. 설령 당장 구체적인 효과를 경험하는 것은 아니더라도, 그 필요성을 자연스럽게 인식하고 공감할 수 있도록 해야 한다. 그리고 안중근 의사나 유관순 열사 정도까지는 아니더라도, 보훈대상자에게서 무언가 국민적 귀감이 될 수 있을 품위가 느껴져야 한다. 그래야 국민의 자발적인 협조 가능성도 높아지기 때문이다.

그런데 유감스럽게도 아직은 보훈에 대한 국민적 관심이나 태도가 높거나 긍정적이라고 할 수는 없다. 전 국민이 모든 국가유공자를 다 알고 있는 것도 아니고, 그 유가족 등 보훈대상자를 존경하고 있다고 할 수도 없다. 그 기본적인 이유 중 하나는 법적 요구와 국민적 기대치 사이에 간극이 있기 때문이다. 법적 요구가 국민적 기대치와 상관없이 일방적으로 정해진 것 같은 느낌도 적지 않다. 그 간극은 여러 가지 이유에서 생겼다.

「기본법」에서는 대한민국 보훈의 가치를 '독립', '호국', '민주' 및 '사회공헌' 등에서 찾지만(제3조), 현실에서 이들 가치가 공평하게 작동하거나 국민통합에 기여하기만 하는 것은 아니다. 가령 '독립'의 강조가 무조건적 '반일 감정'으로 연결되어 여전히 한일관계를 둘러싼 내부 갈등으로 이어지거나, '호국'의 강조가 북한에 대한 적대성을 강화해 한반도의 긴장상태를 유지시키는 사례를 들 수 있다. '호국'과 '민주'가 보훈의 주요 가치이지만, 대북 적대적 '호국'의 강조가 대북 포용적 '민주'의 정신과 충돌하기도 한다. 기존의 보훈 행위가 국민들 간 조화와 한반도의 평화보다는 갈등의 원인이 될 가능성도 있으며, 그것을 국민이 부지불식간에 느낄 수 있기 때문이다.(이찬수, 2021a, 31-36)

당연히 보훈의 이름으로 벌어지는 모순적 상황은 빨리 극복할수록 좋다. 그러려면 이들 간의 충돌 지점을 완화하고 상생적으로 통합시킬 수 있는 논리를 발굴해 확산시켜야 한다. 독립, 호국, 민주 및 사회공헌이 별개의 것이 아니라, 국민과 국가 전체를 위한 통합적인 가치라는 사실을 더 많은 국민이 느낄 수 있도록 그 논리와 의미, 정신을 더 확고하게 수립해야 한다. 보훈교육과 문화의 진흥이 국민 개개인의 성숙에도 도움이 된다는 사실을 더 많은 이들이 느낄 수 있도록 해야 한다. 보훈 관련 콘텐츠를 국민의 눈높이에 맞추어 더 다양화하고, 보훈을 위한 국민적 자율성을 더 확보해야 한다. 여기가 보훈교육의 논리와 지향에 대해 논해야 하는 지점이다.

3. 보훈교육의 국가성과 공공성

1) 주도적 교육의 역사

아쉽게도 그동안 그런 시도가 별로 없었다. 보훈정신의 선양을 위한 대국민 교육은 계속되었지만, 역사적 사실을 단편적으로 전달하는 경향이 컸다. 일제로부터의 독립운동 사례들, 북한과의 각종 전쟁 장면들을 사안별로 소개하다 보니, 보훈정신의 선양 과정이 오늘날까지도 일본과의 충돌, 대북 적대성 강화 등 한반도 갈등의 계기를 제공하는 경우도 있었다. 4.19혁명이나 5.18광주민주화운동 같은 반독재 운동이 여전히 남아 있는 기존 독재 세력의 후신과 부딪치고 있는 것이 현실이기도 하다.

이런 현실은 한반도의 상황에서 필연적 귀결이기도 하지만,

여기서 더 나아가야 한다는 사실도 분명하다. 이를 위해서는 독립운동이나 참전에 관한 영웅주의적이고 단편적 사례 중심의 교육을 넘어, 무엇보다 보훈의 기존 가치들을 서로 연계하고 심화시켜 국민의 눈높이를 선도하는 보훈 철학을 정립해야 한다. 그 철학에 걸맞은 교육용 콘텐츠를 확보해 교육함으로써 통합의 가치를 확산시키고, 국가와 국민의 간극을 메워야 한다. 국가유공자와 그 집안, 그리고 넓은 의미의 보훈대상자들이 국민의 귀감이 될 수 있도록 보훈대상자에 대한 보훈교육도 확대해야 한다. 그렇게 국가-국민-국가유공자라는 세 꼭짓점이 서로 연결되어, 국민통합과 국가발전이라는 상위의 목표로 나아가는 이른바 '보훈의 삼각뿔 구조'를 완성해 가야 한다.

이때 중요한 것은 국가가 주도하는 보훈 정책과 교육이 실제로 얼마나 국민과 함께할 수 있느냐의 문제이다. 보훈의 목적과 이념이 '국민통합'과 '국가발전'이라는 규정에서도 눈치 챌 수 있듯이, 보훈에는 어느 정도 국가 지향적 성향이 들어 있다. 실제로 국가보훈처에서는 '보훈'과 '국가보훈'이 동일한 용어라고 말하고 있다.(국가보훈처, 2011, 54) '보훈'을 '국가보훈'과 으레 동일시하며 정당화하기 위한 연구들도 제법 많다. 이것은 보훈에는 국가적 책임성이 있다고 본다는 뜻이다.

하지만 그렇다고 해서 기존의 연구나 정책이 보훈 정신의 선양을 '국가주의적'으로 만들어야 한다는 뜻이라고까지 말할 수는 없다. 국가 주도성과 국가주의는 다르기 때문이다.

'국가주의'는 한 사회를 운영하는 과정에 국가를 우선으로 하는 사상이며, 개인 삶의 의의를 주로 국익 차원에서 찾는 이념 체계이다. 여기서 국민은 국가의 생존과 번영에 공헌해야 하며, 단적으로는 이를 위한 수단처럼 여겨지기도 한다. 그에 비해 '국가 주도성'은 어떠한 정책을 국가가 주도한다는 방법론적 의미가 더 강하다.

그런데, 한동안 대한민국의 역사교육이 어느 정도 국가주의적인 경향이 있었듯이, 보훈에도 국가 주도성을 넘어 어느 정도 국가주의적 성향이 다른 행정 영역보다 강했으며, 지금도 어느 정도 그런 경향성이 있는 것도 사실이다. 이것은 보훈의 탄생 배경에 일제로부터의 독립운동, 북한의 남침에 맞서는 반공주의적 전쟁 등 한국 특유의 역사가 반영되어 있기 때문이다. 그리고 국가적 차원의 '적'에 맞섰던 국민의 경험치가 클수록 협의의 (비교적 획일적인) 국민통합이 이루어질 가능성도 크다.

그동안 학교 내 역사교육에도 이런 정서가 많이 반영되어 있었다. 다양한 개인들에게 동질적 국민 의식을 주입시켜 이들이 국가적 과제에 자발적으로 참여할 수 있도록 하려는 국가주의적 교육이 주류를 이루었었다.(김육훈, 2015, 128-131) 국가는, 구체적으로 정부는 이런 의도를 가지고 역사와 사회 교육 등에서 소위 애국심을 강조해 왔다.

이와 관련해 한 역사교육학자는 이렇게 정리한 바 있다: 1973년~1981년(3차 교육과정 시기)에 나온 초등학교 '역사' 교육은 "민족을 주체로, 국가를 수호자로 세우는" 교육이었고, '사회' 교육은 "국민 된 자세를 당위로 가르치는" 교육이었다.(방지원, 2016) 3차 교육과정 시기(1973~1981)까지의 '역사교육'에서는 "국난 극복과 문화적 성취로 빛나는 민족과 국가의 내력을 강조함으로써, 국가가 없으면 민족도 없고 민족이 없으면 나와 개인도 있을 수 없다는 국가주의적 인식"을 강화하고, '사회 교육'에서 이를 내면화하게 하여 국민이 국가의 결정에 순종하는 것을 책임과 의무로 삼았다는 것이다. 4차 교육과정(1982~1987)에서도 개인의 행복은 국가의 안전과 발전을 통해서만 이룰 수 있으며, 국민의 책임과 의무가 국민의 기본권에 앞선다는 국가중심주의적 인식을 가르쳐 왔다.

여기에는 국가주의에 대한 네 가지 인식, 즉 국가는 잘못 판단하거나 잘못을 저지르지 않는다는 믿음(국가의 무오류성), 국민이 겪고 있는 모든 문제는 국가가 나서서 해결해야 한다는 생각(우월한 주체로서의 국가, 초월적 국가), 국민 개인의 삶은 모두 국가의 번영에 기여해야 하며, 국가의 번영이 개인의 행복을 보장한다는 믿음(삶의 목표로서의 국가), 주권적 권리의 주체가 아닌 통제받고 순응하는 국민(대상으로서의 국민, 섬기는 국민)이라는 인식이 반영되어 있다고 할 수 있다.(방지원, 2016, 73)

이런 배경에서 국가는 교육을 국가와 국민의 의무로 규정한 뒤, 교육의 의무를 취학의 의무와 동일시했고, 국민은 누구나 국가가 공인한 학교에 다녀야 한다는, 의무취학(compulsory schooling)을 당연시해 왔다. 의무취학을 공교육의 핵심 내용이자 방법으로 간주하면서, 국가 중심적 공교육을 제도화해 왔다.

이때의 공교육이라는 말은 "국가 혹은 준 국가적 자치조직의 통제와 관리와 지원에 의하여 국민전체를 대상으로 하여 운영되는 교육"을 의미한다.(서울대학교교육연구소 1998, 138) 오랫동안 이러한 공교육의 의미를 의무취학 중심의 교육을 통해 산업화에 기여하는 인재를 길러내고 노동력의 질을 높이며 국민적 통제를 통한 국가 이념을 정당화하는 방편으로 사용해 왔다. 과학과 기술, 경영과 행정 등 국가체제의 유지와 확장에 기여하는 교육이 실질적인 주를 이루었다.(정유성, 2006, 94-95)

물론 이러한 국가 주도적인 의무취학의 의미도 적지 않다. 이로 인해 국민은 한편에서는 사회와 국가에 대해 생각하면서 다른 한편에서는 개인적 이성에 더 눈뜨는 계기도 되었고 한편에서는 인권의 중요성에 대한 인식도 커졌다. 그중에서도 1992년 문민정부가 들어서며 고시된 제6차 교육과정 이후 국민의 기본권 담론이 확대되기 시작했고, 국가와 국민을 지배와 복종의 관계로 보던 기존의 흐름에서 점차 국가는 국민에 의해 구성된다는 것을 학습자가 스스로 느낄 수 있는 가능성이 더 확보되었다. 박근혜 정부 시기는 제7차 교육과정(1997~2009)보다 퇴행하기도 했지만, 대체로 한국의 교육이 지식 체계의 단순한 전달이 아닌, 교사와 학생이 함께 꾸려 가는 문화의 실천 차원으로 볼 수 있게 해주는 가능성은 커져 온 편이다.

2) '부드러운 애국심'과 '순화된 통합'

그렇다면 보훈정신의 선양을 위한 교육의 현 지형도는 어떤가. '국가주의적'이라고까지 할 수는 없지만, '국가 주도적' 흐름 안에 있는 것은 분명하다. 가령 「기본법」에서 "국민의 나라사랑 정신 함양 교육"을 국가의 책무로 천명하고 있듯이, 보훈교육의

다른 이름이 '나라사랑교육'이다. 국가보훈처 산하 신문사 이름
도 '나라사랑신문'이다. 학생 대상 보훈 교재의 이름이 '나라사랑
과 보훈'이고, 어린이 보훈 잡지 이름도 '어린이나라사랑'으로 명
명되어 있다.

물론 이때의 '나라사랑'은 기존의 경직된 애국주의와 뉘앙스는
다소 다르다. 이명박, 박근혜 정부 시절에 보훈의 이름으로 일방
적 애국주의 교육을 강화하려던 시도가 있었지만, 전체적으로는
일방적 경직성을 가능한 한 배제하고 순화하기 위한 국가 차원
의 노력이 확대되어 온 편이다.

그런데 여기서 더 나아가야 한다. 오늘날의 교육에 아래로부
터의 다양성을 긍정하는 흐름이 확대되고 있듯이, 보훈교육의
핵심 정신인 나라사랑, 즉 '애국'이라는 것도 더 개방적으로 순화
시켜 폭 넓게 이해해야 한다. 그래야 보훈교육이 국민 안에 자연
스럽게 수용될 가능성이 커지기 때문이다. 이와 관련하여 애국
심의 관점과 농도에 대한 다음과 심성보의 제안은 의미가 적지
않다.

'애국심'(patriotism)은 나라를 사랑하는 마음으로서 '국가에 대한
사랑과 자부심, 그리고 최상의 국가이익이라고 여겨지는 바를

위해 희생을 감수하는 것'이라고 정의할 수 있다. 그런데 애국의 방식은 '옳든 그르든 나의 나라'라는 입장(보수적 애국심)과 '나라의 일에 반대하는 것도 애국'(진보적 애국심)이라는 입장으로 나타날 수 있다. 애국심은 보수적일 수도 있고 진보적일 수도 있으나, 양자의 균형으로서 다른 나라에 대한 우월성이나 지배를 추구하지 않은 '순화된 애국심'이나 '중용적 애국심'이 요구된다. 이것은 '부드러운 애국심' 또는 '사려 깊은 애국심'이라고 할 수 있다. 애국주의 논쟁을 통해 그동안 애국심을 정권유지의 수단으로 여겨 왔던 권위주의 교육에 대한 반성과 함께 맹목적 애국심을 유연하고 사려 깊은 애국심으로 돌리는 전환점을 발견하게 된다. 맹목적 애국심을 부드러운 애국심으로 돌리는 교육은 애국심과 민주주의를 결합한 민주시민교육을 통해서만 가능할 것이다. 민주주의와 결합되지 않는 애국심 교육은 배타적 애국주의로 변질될 수 있고, 권력 유지를 위한 수단으로 전락될 위험성도 있다. 이런 위험성을 차단하기 위해 권력으로부터 오염되지 않도록 하는 민주시민교육이 절실히 요구된다. 민주시민교육으로서의 애국심 교육은 인권과 평화 등의 민주주의 가치를 토대로 하여 가능하다.(심성보, 2010, 254)

위 인용문에서 말한 '순화된 애국심' 혹은 '중용적 애국심'은 보훈교육이 눈여겨보아야 할 자세라고 할 수 있다. 가령 다음에 좀 더 보겠지만, 한국 사회에서는 민주를 내세우면서도 보수주의자에 의한 자유민주주의와 진보주의자에 의한 민주공화주의가 갈등하고 있다. 한국의 보훈이 민주를 주요 가치로 삼고 국민통합을 지향한다면, 이러한 갈등 상황은 반드시 극복해야 한다. 보수적 애국심과 진보적 애국심 간 균형을 이루는 '부드러운 애국심' 혹은 '사려 깊은 애국심'에 기반한 민주 지향의 보훈교육이라야 국민통합에 기여할 수 있는 것이다.(이찬수, 2021a, 28-30)

국민통합은 하향적 명령이나 일방적 요청으로 이루어지지 않는다. 국민 한 사람 한 사람의 마음이 자발적으로 움직여질 때 이루어진다. 원칙적 '법'이 자발적 '율'에 의해 뒷받침되어야 하듯이, 아래로부터의 자발성에 입각하지 않은 통합이란 있을 수 없다. 통합은 다양성의 존중과 아래로부터의 조화의 형태로만 가능한 것이지, 특정 이념에 맞추는 획일성이 아니기 때문이다. 통합을 다양성의 긍정과 조화로 이해할 수 있는, '순화된 통합'의 개념이 더욱 요청된다고 할 수 있다.

3) '더 큰 민주'와 보훈의 공공성

'순화된 애국심'이 국민통합의 기초이다. 그런데 간단히 전술했듯이, 독립, 호국, 민주, 사회공헌은 한국 보훈정신의 근간임에도 불구하고 가령 독립운동과 정신의 강조가 여전히 반일 감정으로만 이어져서 오늘날 대일관계를 둘러싼 민족주의적 갈등이 지속되기도 한다. 그리고 그것이 다시 국민통합을 저해하는 측면이 있는 것이 현실이기도 하다. 전쟁의 경험에 기반한 호국주의적 태도가 여전히 대북 적대성으로 이어지면서 한반도의 긴장을 지속시키고 갈등비용을 증가시키기도 한다. 동일한 민주의 이름으로 갈등이 일어나기도 한다. '민주공화주의'와 '자유민주주의'는 모순적이기는커녕 사실상 같은 개념임에도 불구하고, 종종 공화주의적 민주주의을 강조하는 이와 자유주의적 민주주의를 강조하는 이가 충돌하곤 한다. 모두 자기 입장만이, 혹은 그것이 더 국가를 위한 길이라는 주장을 내세운다. 이것은 저마다의 애국심을 '사려 깊게' '순화시켜야' 해결되는 문제라고 할 수 있다.

보훈의 가치 중에 이러한 충돌을 아래로부터 조화시킬 수 있는 가능성이 큰 가치 혹은 자세는 아무래도 '민주'에 있다고 할 수 있다. 진정한 의미의 민주는 상이한 입장들을 배타하기보다는 가능한 포용하고 조화시키는 행위로 드러난다. 주권재민으로서의 민주는 서로를 위해 서로의 주권을 일정 부분 제한하면서 성립된다. '공화'도 자유를 전제로 하되, 개인의 자유가 다른 자유를 침해하지 않도록 하는 적절한 통제를 전제로 한다. 자유도 무제한적 방임이 아니라, 타자의 자유를 침해하지 않는 한에서 가능한 제한적 자유이다. 특정 이념을 내세우거나 다양성을 도외시하는 일방적 주장을 부각시키려다가는 보훈의 가치들이 도리어 국민통합을 어렵게 만드는 계기가 될 수 있는 것이다.(이찬수, 2021b, 23-47)

'순화된 민주주의', '사려 깊은 민주주의' 혹은 '더 큰 민주에 대한 상상'이 민주를 둘러싼 입장 차이로 인한 갈등을 통합으로 이끌어갈 수 있는 가능성이 크다. "독립, 호국, 민주의 정체성을 살리면서도 그 저변에서 상통하는 가치를 합의하고 발굴해 이 세 가지를 포괄적으로 적용하는 심층의 보훈 행위", 즉 '메타적 보훈'을 확대시켜야 하는 것이다.(이찬수, 2021a, 36-41) 그럴 때에야 보훈이 통합에 기여할 수 있기 때문이다.

그 통합의 지점에서 이루어지고 확대되는 주요 가치와 내용이 공공성(公共性, the publicness)이다. 공공성의 확보 내지 확대는 민주주의의 지향이기도 하다. 민주주의는 개인적 자유들의 조화를 통해 공공성을 확보하는 것을 근간으로 한다. 민주적 가치를 중시하는 한국의 보훈에서 공공성의 확보와 강화를 위해 노력하는 것은 당연하다. 보훈교육을 공공성과 연계해 살펴보아야 하는 이유도 여기에 있다.

공공성은 보통 다음 세 가지 성격이 있다. 첫째, 국가에 관계된 공적인 것(the official)으로서, 공교육, 공적 자금, 공안 등과 같이 강제, 권력, 의무 등의 뉘앙스를 띠는 경우이다. 민간의 사적 활동과는 구분된다. 둘째, 모든 사람과 관계된 공통적인 것(the common)으로서, 공통의 관심사, 공공의 복지, 공익 등과 같이 특정 이해에 치우치지 않으면서 개인적 권리의 자발적 제한이나 인내를 의미하는 영역이다. 사리, 사익, 사심 등과 구분된다. 셋째, 누구에게나 개방적인 것(the open)으로서 정보 공개, 공원 등에서처럼 비밀이나 프라이버시 등과 대비되는 영역이다.(사이토 준이치, 2009, 18-20; "publicness", Random House Webster's College Dictionary)

그러나 독립과 호국 사이에 긴장이 있고 민주의 이름으로 충돌하기도 하듯이, 현실에서는 공공성 이해에 정도의 차이가 있고 때로 충돌의 가능성도 있다. 가령 국가정보원에서의 행정 활동은 원칙적으로 '공적인 것'이지만 그것을 '개방적으로' 하지는 않는다. 마을의 우물은 마을 사람 누구나 사용할 수 있는 공공재이지만, 그렇다고 해서, 아니 그렇기에 특정인이 다 퍼갈 수는 없다. 공공성은 개인적 사용권의 자발적 제한을 통해서만 가능하다는 것이다. 모든 사람이 공통적으로 이용할 수 있는 공원, 지하철 등 공공시설에서의 개인적 일탈 행위나 노숙자 등을 제한하는 경우 등도 이에 해당한다.

이미 보았듯이, 모두의 자유를 위해 개인의 자유를 제한하는 것은 민주주의의 기본 원리이기도 하다. 개인이나 집단들 간 갈등과 충돌이 발생할 가능성이 있는 경우 개인적 자유들 간에 적절한 조화를 도모하거나 사적 자유를 제한할 필요가 있는 것이다. 물론 이 제한이 일방적으로 이루어져서는 안 된다. 자유의 주체들 간의 공감과 이들의 동의가 필요하다. 마찬가지로 공공성을 확보하려면 대화와 타협을 통해 공통의 지점, 공감대를 마련해야 한다. 자기 제한 혹은 자기 조절을 통해 공통의 지점을 확대하되, 아래로부터 자발적으로 확보할 때 공공성도 든든해진다.

4) 자유와 자유교육

이때 한 번 더 생각해야 할 주제는 '자유'의 개념이다. 자유는 책임 없는 방종이 아니다. 전술했듯이, 자유민주주의에서의 자유도 타자의 자유를 침해하지 않는 범위 안에서의 자유이다. 적극적으로 규정하면, 타자의 자유를 신장하는 데 기여하는 자유여야 공동체 혹은 국민의 통합의 가능성을 높인다. 이것은 자유 개념의 두 차원을 반영한다.

그 한 차원은 어떤 속박이라는 의존성으로부터 벗어난 상태, 즉 '~으로부터의 자유'(freedom from)이고, 다른 차원은 그 속박으로부터 벗어났음에도 불구하고 이웃과의 관계 안에 스스로를 구속시킬 줄 아는 '~으로의 자유'(freedom to)이다. 전자가 소극적 자유라면, 후자는 적극적 자유이다. 이들은 별개의 어떤 것이 아니라, 연속적 혹은 단계적이다. 인간이 어떤 것으로부터 자유로운 한, 도리어 그 어떤 것과 관계를 맺고 그 관계 안에 자신을 기꺼이 구속시킬 수 있는 것이다. 그렇게 보면 후자가 진정한 의미의 자유이며, 자유 교육의 주된 목표가 된다. 이와 관련해 하이데거는 이렇게 말한 바 있다: "적극적 자유는 무엇으로부터의 떠남(Weg-von)이 아니라 향함(Hin-zu)을 말한다. 적극적 자유는 무엇을 위해 자유로움, 무엇을 위해 열려 있음(sich offenhalten), 따라서 무엇을 위해 자기를 열어 놓음, 무엇을 통해 자기 자신이 규정되도록 함, 스스로 무엇에 헌신함이다."(Martin Heidegger, 1988; 정은해, 2000, 110-111) 백범 김구의 다음과 같은 자유론도 정확히 이에 해당한다: "우리는 개인의 자유를 극도로 주장하되, 그것은 저 짐승들과 같이 저마다 제 배를 채우기에 애쓰는 자유가 아니다. 제 가족을, 제 이웃을, 제 국민을 잘 살게 하기에 쓰이는 자유이다. 공원의 꽃을 꺾는 자유가 아니라 공원에 꽃을 심는 자유다." (김구, 2017, 505)

여기서 '공원의 꽃을 꺾는 자유'가 일탈이나 방종에 가깝다면, '공원에 꽃을 심는 자유'는 타자를 위해 개인의 자유를 제한하며 더 큰 자유를 만들어가는, 즉 공공성을 확보하기 위한 적극적 자유에 해당한다고 할 수 있다.

교육이 인간을 인간 되게 해주는 근거, 즉 인간성을 회복하고 증진시키는 방식으로 미숙한 인간에서 성숙한 인간으로 나아가게 하는 과정이라면, 참으로 자기를 떠나 이웃과의 긍정적 관계를 위해 자신을 내어줄 줄 아는 적극적 자유는 교육의 근간이자 목표가 아닐 수 없다. 더 나아가 자기 안에서 진정한 자신을 발견하게 한다는 점에서 적극적 자유 교육은 '성스러운' 과제이기도 하다. 교육은 소극적 자유를 전제하면서도, 더 나아가 이웃과의 관계를 적절히 맺고 세계가 풍요로워지도록 하기 위해 스스로의 자유를 제한할 줄 아는 적극적 자유의 능력을 배양하는 데 목적이 있다. 민주사회에서의 교육은 인간 개인의 자유를 전제하는 가운데 이웃의 자유, 이웃과의 관계, 세계의 풍요를 위해 스스로의 자유를 제한할 수 있는 능력을 키워주는 데 목표를 두어야 하는 것이다.

5) 교육의 공공성

스스로의 자유를 제한하는 그곳에 타자가 들어온다. 교육은 타자를 내 안에 두도록 이끄는 일이다. 교육은 개인적 자유를 공적 영역에 어울리도록 제한하며 신장시키는 일이다. 한나 아렌트가 사적인(private) 것과 공적인(public) 것을 구분하면서 한 말도 이런 맥락에 있다. 다소 극단적 해설이기는 하지만, 아렌트에 의하면, 서구 언어에서 완전한 '사적 생활'이란 타자와의 관계가 없기에 본질이 박탈된 것이나 다름없는 상태이다.

완전히 '사적인' 생활을 한다는 것은 우선 진정한 인간적 삶을 영위하는 데 본질적인 것이 박탈되었음을 의미한다. 타자에게 보여지고 들려진다는 경험 … 에서 생기는 현실성이 박탈됨을 의미한다. 사적인 삶에서 박탈된 것은 타자의 존재이다. 타자의 시점에서 보면 사적인 삶을 사는 인간은 현상하지 않으며, 따라서 마치 그는 존재하지 않는 것처럼 된다. (한나 아렌트, 1996, 112)

반대로 '공적'이라는 것은 타자와의 관계가 확보되고 타자를 수용하는 상태이기도 하다. 공공성은 이러한 공적 가치에 기반해 형성된다. 교육은 특히 그것이 공적 교육인 한, 공공성을 확장시키는 행위여야 한다. 그렇다고 해서 개인을 죽이고 공적 영역을 살리는 멸사봉공(滅私奉公)이 아니다.

'공적'이라는 것은 모두에게 타자의 자리가 마련되어 있는 상태이다. '나'도 타자에 의해 마련된 그 타자의 자리에서 살아가게 마련이다. 개인의 자유는 타자에 의해 준비된 자리에서 확보된다. 그런 점에서 공공성은 김태창의 표현을 빌리면, 멸사봉공(滅私奉公)이나 멸공봉사(滅公奉私)가 아니라, '활사개공(活私開公)'이다. 사적 영역을 살리면서 공적 영역을 열어가는 과정적 자세인 것이다.(김태창, 2010, 39-43)

김태창은 '공공'을 명사가 아니라 동사로 파악하며 '공공한다'는 식으로 표현한다. '공공하는' 것은 '대화(對話)'하고 '공동(共働 -함께 일하기)'하며 '개신(開新-새로움을 열기)'하는 것이다.(김태창, 2010, 25) '개신'은 개인들의 자유가 상생적으로 새로움을 창출하

는 행위를 의미한다. 이것은 아렌트의 다음과 같은 말과 통한다:
"자유의 출현은 … 그들이 도전자가 되고 자기 삶의 이니시어티
브를 쥐게 된 결과, 부지불식간에 자신들 사이에 자유가 출현할
수 있는 공공적 공간(public space)을 창조하기 시작했기 때문이
다."(한나 아렌트, 2005, 11) 자유가 용인되면서 타자를 포용하며 창
조되는 공간이 공공적 공간(public space)이라는 것이다. 김태창
의 '개신(開新)', 즉 '새로움의 열림'도 이와 상통하는 것으로 보인
다. '자유'의 언어를 가져와 말하면, 공공성은 타자로부터 떠나는
자유가 아니라, 타자와 관계 맺고 타자를 수용하는 자유를 통해
확보된다는 뜻이다. 백범의 표현대로 하면, "공원에 꽃을 심는
자유"이다.

타자와 관계 맺고 타자를 수용하는 자유를 통해 '새로움'이 생
겨난다. 내가 심은 꽃이 타자에게도 미소를 불러일으킨다. 그 미
소의 파장, 전에 없던 새로움을 일종의 '공동선'으로 규정할 수도
있다.

물론 이때의 공동선도 '활사개공' 지향의 합리적 담론을 통해
끝없이 검증되고 재구성되는 것이어야 한다. 교육은 굳은 이념
을 반복 전달하는 것이 아니라, 활사개공 지향의 담론 과정에 참
여할 수 있는 시민을 길러내어 모두를 위한 상생적 가치를 확대

시키는 일이기도 하다. 그 과정에 공적 영역이 재형성된다. 이러한 활사개공의 형성이 이른바 공교육의 근간이라고 할 수 있다. 이런 의미의 '공공성' 혹은 '공공하기'를 교육의 동력이자 목적으로 삼아야 하는 것이다.

6) 종교교육의 보훈교육적 함축성

보훈은 어떤가. 전술했듯이, 한국의 보훈은 한국의 특수한 맥락에서 형성되어 왔다. 특히 한국의 보훈은 일본, 북한 나아가 중국이나 베트남과 같은 '적'을 전제로 형성되어 왔다. 보훈의 역사에서 일본이나 북한은 '적'이었고, 여전히 보훈 정신의 선양 과정은 과거의 적을 극복하는 데 방점이 찍혀 있다. 지금까지도 보훈 정신은 적과 맞선 용감한 희생적 저항 정신을 의미할 때가 대부분이다. 이것은 한편에서 보면 한국 역사상 불가피하거나 필연적인 흐름이기도 하다.

그러나 문제는 이러한 보훈교육이 오늘날 교육 철학의 대세와 잘 어울리지 못한다는 것이다. 오늘의 교육은 자기중심주의가 상대적으로 강한 종교교육 영역에서조차 타종교를 배타하지 않고 이루어져야 한다는 것이 상식처럼 되어가고 있다. 타종교를 배타하는 종교교육은 결국 자기 무덤을 파는 꼴이라는 생각이 더 커져가고 있다. '하늘 지향'의 종교교육도 인간의 상식이 납득할 수 있도록 '지상'으로 내려올 것을 요구받고 있고, 실제로 일반 시민이 동의할 만한 언어로 점차 전환하고 있다. 종교(가톨릭)교육을 당연시하던 가톨릭 국가 프랑스에서 대혁명 이후에는 특정 종교를 우선시하는 교육 정책을 포기했던 것이 그 선구적 사례이다.

가령 대혁명 이후 프랑스 공교육 정책을 주도하던 콩도르세는 "독립된 양심에 의해 선택되기 전에는 어떤 권위도 종교에 대한 특정 견해를 다른 견해보다 선호할 권리를 갖지 않는다"며 당시 공교육에서의 종교교육을 반대한 바 있다.(마르퀴 드 콩도르세, 2002, 45; 128-129) 물론 그것은 종교 자체를 반대해서가 아니었다. 당시까지의 종교교육이 자유와 평등을 근간으로 하는 대혁명 정신과는 달리, 인간의 이성에 근거한 '세계시민교육'의 취지에 역행해 온 측면이 컸기 때문이다. 종교교육도 교육인 한, 그 교육을 통해 인간의 종교적 깊이를 읽어낼 수 있도록 돕는 것은 정당하고 당연하지만, 그럼에도 불구하고 어떤 식으로든 일방적 교육은 곤란하다는 것이었다. 이런 정신은 한국의 종교교육계에서도 중론이 되어 가고 있다. 이것이 오늘날 한국의 보훈교육에 주는 함의가 적지 않다.

전술했듯이, 보훈은 국가를 위한 희생과 공헌자에 대한 보답 행위이다. 이 희생과 공헌은 개인에 의한 행위였어도 단순히 개인만을 위한 행위가 아니다. 이웃, 사회, 국가를 위한 행위였기에 국가가 이에 보답하고 사회가 이를 기리며 개인이 그에 협조하는, 공적인 성격을 지닌다.

이때 어떤 희생이고 무슨 공헌인지, 그 과거적 희생과 공헌이 대한민국과 현재와 미래에 어떤 의미를 주어야 하는지를 진지하게 물어야 한다. 보수적이고 자기집단성이 강한 종교 영역에서도 좁은 의미의 교리 교육이나 타종교를 무시하는 배타적 선교 교육은 점차 설 자리를 잃어 가고 있다. 세계관이 달라도 그 다름을 인정하고서 서로에 대한 이해를 도모해 가는 과정 자체가 종교교육의 근간이 되어야 한다는 목소리가 커지고 있다.

마찬가지로 일본이나 북한 등 과거의 '적'을 언제까지 적으로 두어야 하는지는 보훈교육이 국가의 미래를 내다본다면 중요한 성찰적 주제가 아닐 수 없다. 대한민국헌법 전문에 담겨있듯이, '4.19 민주이념'을 계승하면서도 타도의 대상이었던 독재세력과 그 후신을 어떤 식으로 같은 국가 안에 포용해 나가야 하는지도 보훈교육의 영역에서 함께 다루어져야 한다. 국가유공자는 보상

하고 희생의 정신을 선양하며 역사를 기억하되, 과거의 '적'을 용
서할 수 있는 역량도 같이 키워 가야 한다. 그럴 때 보훈의 기본
이념인 국민통합에 더 기여할 수 있는 것이다.

4. 나가는 말: 나와 너를 모두 살리기

정부가 보훈을 통해 국민통합을 이루고자 한다면, 그것은 개
인의 자유를 살리면서 그 자유가 모두에게 유익이 되도록 지원
할 때 그 목적이 이루어진다. 가능한 모두에게 적용되는 공공성
의 확장이 사회 통합에 기여한다. 이러한 공공성은 일사불란한
통일성이 아니다. 객관성을 내세운 통일성은 경험적으로도 이제
거의 설자리를 잃었다. 철학적으로도 마찬가지이다.

가령 임마누엘 칸트 이래 주지의 사실이 되었지만, 현상세계
내 존재인 인간은 초월의 세계를 알 수 없다. 다만 생각하고 요청
할 수 있을 뿐이다. 이러한 사고방식이 대세가 되어 가면서 초월
적 세계에 대한 역사내적 표현은 다양할 수밖에 없다는 것이 오
늘날 지성계의 기본이 되었다. 비트겐슈타인 역시 인간의 언어
는 하나의 관점에서 부분적으로만 실재를 표현할 수밖에 없는

까닭에, 진술된 진리는 언제나 제한적이고 비절대적이라는 사실을 보여주었다. 가다머, 리쾨르 같은 철학자들이 발전시킨 해석학적 통찰에 따르면, 인간은 어떤 사물을 파악할 때 자기 나름의 인식의 틀을 통해서 해석하기 때문에 '인식하는 사람'과 '인식된 것'은 불가분의 관계에 놓여 있다. 학생에게 일방적으로 지시하고 요구하는 교사 중심의 교육에서 이들이 긴밀히 연계되거나 서로에게서 배우는 상호적 교육으로 나아가는 것이 당연한 상황인 것이다.

이처럼 일방주의는 물론 완전한 절대주의, 순수한 객관주의라는 것은 어느 영역에서든 더 이상 받아들여지지 않는다. 진리라는 것은, 그것이 무엇이든, '대화적'이고 '관계적'인 것일 수밖에 없다는 사실이 더 설득력 있게 다가오는 세상인 것이다. 보훈교육도 이러한 원리 안에 있을 수밖에 없다. 보훈이 교육을 통해 그 정신을 선양하고자 한다면, 개인적 자유들의 조화와 상생을 도모해야 한다. 나의 자유를 제한해 너의 자유를 살리고, 이웃과의 긍정적 관계에 자신을 내어줄 줄 아는 적극적 자유를 신장해야 한다. 보훈교육에서도 서로 존중하고 존중받는 분위기를 확보해야 국민의 협조 책무라는 「기본법」의 규정이 설득력을 얻는다.

교육은 개인의 성장을 통한 사회적 성숙을 도모한다. 그런 점에서 사회적이기도 하며, 그 사회적 성격은 타자의 형편에 공감하며 확보된다. 맹자가 말한 측은지심(惻隱之心), 즉 우물가로 기어가는 아이를 보면 얼른 아이를 위험에서 구해내려는 마음이 인간의 본성이자 타자에 대한 공감력의 원천이듯이(공손추-상 6), 누군가의 희생, 더욱이나 그것이 공적 희생일 경우 그 희생과 아픔에 공감하는 것은 자연스럽다. 공감력을 확장하는 것이 보훈교육의 근간이어야 한다. 다만 그 공감력이 자기편 중심의 배타적 공감력이 되지 않도록, 희생에 대한 보답이 다른 누군가를 다시 희생시키는 것이 되지 않도록 해야 한다.

국가를 위한 희생과 공헌에 보답하고 돌보되, 가능한 다양한 국민의 눈높이에 부합할 뿐만 아니라, 평균적 눈높이 이상으로 이끌어갈 수 있을 통합적 가치를 견지해야 한다. 그 가치는 내 안에 타자를 두는, 서로가 서로를 살리는 조화와 상생에 있다. 국가주의적 이념을 주입시키는 방식이 아니라, 자연스럽게 경험된 인간 삶의 방식과 원리를 논리적이고 감동적으로 확인하는 방식이어야 한다.

이것은 극복의 대상이었던 역사적 차원의 적(敵), 가령 일본과 북한은 물론 한때 전쟁했던 중국이나 베트남의 이질적 정치 이념을 오늘 한국은 어떻게 소화하고 수용하는지의 문제와 연결된다. 그리고 보훈교육을 국가주도적인 일방성에서 다양한 시민들이 다양성을 수용하며 주체적으로 전환해 가는 것과도 연결된다. 보훈교육이 미래에까지 긍정적으로 유지되고 국민통합에 더 긍정적으로 기여할 수 있으려면, 국민 개개인이 자신의 자유와 욕망을 스스로 제한하면서 타자의 자유를 신장하는 적극적인 자유의 추구가 중요하다는 사실을 교육의 중심 내용으로 삼아야 한다.

세계시민주의 지향의 목소리가 높아지고 있는 만큼, 보훈교육의 미래도 하향적 국가주도성을 극복하고 시민들의 적극적 참여를 확보하는 정도에 달려 있다. 국가 혹은 정부는 하향식 교육이 아닌, 자기 주도적 학습을 가능하게 해주는 보훈 플랫폼을 제공하는 데 주력해야 한다. '국가를 위한 희생과 공헌'의 의미에 대해 시민이 자발적으로 공부할 수 있도록 분위기를 조성하는 것이 보훈교육의 근간이 되어야 한다. 이것이 오늘날 보훈교육의 현장에서 '가르쳐지고 길러져야 하는[敎育]' 핵심이다.

제4차 산업혁명시대 미래교육을 위한 보훈교육 모형 탐구

옥 장 흠 _ 한신대학교 교육대학원 교수

1. 들어가는 말

21세기의 미래교육은 제4차 산업혁명시대에 직면하면서 제4차 산업혁명의 기술이 미래교육의 방향을 결정짓는 변수로 작용하고 있다. 그러나 2019년 12월 중국 우한에서 발생한 코로나19 바이러스(COVID: Corona Virus Disease)가 급속도로 전 세계에 확산되었다. 이러한 팬데믹 상황에서, 제4차 산업혁명의 기술을 기반으로 하여 코로나19의 위험을 넘어 새로운 교육 메커니즘으로 안전한 언택트(Untact) 방식의 뉴노멀(New Normal) 시대로 전환하게 되었다. 이처럼 제4차 산업혁명시대 과학기술의 진보가 인류 생활환경의 변화는 물론 산업구조와 문화, 정치, 경제, 교육 등 모든 영역을 초연결·초융합·초스피드·초지능 형태로 변화되어 가고 있다. 이러한 제4차 산업혁명 기술의 핵심적 요소는 인공지능(AI)과 알고리즘(Algorithm), 빅데이터(Big Data), 클라우드 컴퓨팅(Cloud Computing), 로봇(Robotics), 사물 인터넷(Internet of Thing), 3D 프린팅(3D Printing), 핀테크(Fintech) 등 다양한 기술들이 융합되어 초현실적·초지능적 변화를 가져왔다(이현청, 2019: 17). 이 제4차 산업혁명시대의 기술들은 아직은 초보적인 상태이지만, 제4차 산업혁명의 기술들이 펜데믹 시대에 우리의 미래교육에 많은 영향을 미치고 있다.

따라서 제4차 산업혁명시대의 보훈교육도 종전 교육의 형태에서 벗어나 이러한 다양한 변화를 수용해야 한다. 지금까지의 보훈교육은 일제로부터의 독립운동, 국가를 수호하거나 대한민국의 자유민주주의 발전에 기여, 국민의 생명 또는 재산의 보호 등을 수행한 사람들의 공훈에 보답하고 노고를 치하하는 내용이 보훈교육의 주요한 교육 내용이었으며, 국가와 민족을 위해서 자신을 희생한 고인들의 정신을 기억하고, 애국(나라 사랑)하는 마음을 계승하는 교육에만 치우쳐 왔다. 이제 국가를 위해 희생을 하였거나 공헌한 일에 대해 국가 차원의 보상을 하는 행위만의 교육에서 벗어나 제4차 산업혁명시대에 걸맞은 교육으로 변화되어야 한다. 이러한 차원에서 제4차 산업혁명시대 미래의 교육은 과거의 역사적 사건에 대한 지식을 전달하는 데 중점을 두는 학습이 아니라, 학습자가 스스로 제4차 산업혁명 기술을 활용하는 학습 방법과 학습의 즐거움을 누리는 보훈교육이 이루어져야 하고, 평화와 통일을 위한 교육으로 발전되어야 한다.

따라서 제4차 산업혁명시대 보훈교육은 문재인 정부의 "국가를 위해 헌신한 분들을 끝까지 책임진다"는 보훈정책을 반영한 교육은 물론이고, 제4차 산업혁명시대의 교육적인 특성들을 반영한 평화와 통일을 위한 교육으로 나아가야 한다. 이러한 문제의식하에서 제4차 산업혁명시대 보훈교육을 위한 이론적 배경을 탐구하고, 보훈교육을 위한 모형을 탐구하고자 한다.

2. 제4차 산업혁명시대 보훈교육을 위한 이론적 배경

제4차 산업혁명시대 보훈교육을 위한 이론적 배경은 첫째, 제4차 산업혁명과 미래교육, 둘째, 제4차 산업혁명의 핵심 기술, 셋째, 제4차 산업혁명을 위한 미래교육의 변화와 방향으로 나누어 분석하고자 한다.

1) 제4차 산업혁명과 미래교육

(1) 제4차 산업혁명과 교육의 변화

제4차 산업혁명시대가 도래하면서 교육환경은 다양하게 변화되고 있다. 그 대표적인 양상들을 다음 여섯 가지로 분석할 수 있다.

① 사라지는 직업과 떠오르는 직업의 등장

우리 사회의 환경 변화, 인구구조의 변화, 생활 수준과 방식의 변화, ICT의 일반화, 글로벌화, 경제 구조와 산업구조의 변화, 정부 정책의 변화, 그리고 기술 환경 변화와 기술의 집약화, 첨단기술 개발과 활용의 증가를 계기로 하여 새로운 직업들이 생겨나기도 하고, 기존의 직업이 사라지기도 하는 등의 변화가 급속히 이루어지고 있다(이용순, 2017, 25-26). 특히 제4차 산업혁명의 핵심기술인 인공지능 기술이 발달되어 감에 따라, 인간이 해 오던 단순한 노동들을 로봇이 대신하게 되었다. 이런 조건을 감안하여 미래에 떠오르게 될 새로운 직업에 적응하는 교육이 이루어져야 한다.

② 학벌보다는 능력 중심의 사회 정착

과거에는 학력 또는 학벌이 직종과 직급은 물론 사회적 지위를 결정하는 주요 기준으로 작용하면서 각 개인들은 더 높은 지위와 경쟁에서 우위를 점유하는 데 결정적인 변수가 되는 고학력을 획득하기 위해 극심한 경쟁을 하여 왔다. 다시 말해 개인의 실제보다는 학력이나 학벌이 상대적으로 크게 영향을 미치는 학력주의, 학벌주의 현상이 팽배하게 되었다. 이러한 학력주의와 학벌주의는 사회적으로 많은 부작용을 초래하였다. 그러나 현재 진행 중인 사회 흐름은 완연히 '능력중심주의'를 지향하고 있다. 따라서 미래 사회는 '능력 중심 사회'로 전환하게 될 것이다. '능력 중심의 사회'는 다양한 성공의 경로를 구축하여 사회의 질을 높이고, 학력을 포함한 다양한 능력 요소에 기초하여 공정한 경쟁 및 보상 체계를 구축함으로 교육의 정상화와 노동시장에 진입할 수 있는 기회의 공정성을 확보할 수 있게 될 것이다(박동열, 2017, 46-48). 앞으로 도래할 '능력 중심 사회'에 대응하는 교육이 이루어져야 한다.

③ 인공지능과 인간 공존 시대의 도래

제4차 산업혁명의 핵심기술은 인공지능이라고 할 수 있다. 빅데이터를 기반으로 하여 딥러닝으로 불리는 기계학습으로 무장한 인공지능이 우리 삶의 현장 곳곳에 파고들고 있다. 앞으로 10년 후에는 택배 직원과 점원 같은 단순 업무직은 모두 인공지능을 갖춘 로봇으로 대체될 전망이다. 의료와 보건, 법조, 미디어와 같은 전문직도 예외일 수 없다(강병준, 2017, 57). 인공지능과 빅데이터의 교육적 활용을 통해서 행정 업무를 자동화하고 신속·정확하게 행정 사무를 처리할 수 있으며, 특히 교사의 교수·학습을 위한 교육과정 설계와 수업계획 수립, 수업자료 준비, 수업 실행, 성적 평가 등 제반 업무를 효과적·효율적으로 처리할 수 있게 된다. 또한 온라인 학습에서 학생들의 학습활동에 대하여 빅데이터 분석을 하여, 실시간으로 학습 수행 특성이나 성향을 분석하고, 그 결과에 따라서 개인별 맞춤형 학습(personalized adaptive learning)을 제공할 수 있다. 이미 학생들이 활용하고 있는 AI 튜터(AI Tutor)는 모두 개인별 맞춤형 학습 플랫폼이라고 할 수 있다(박성익 외, 2021, 427). 그러므로 미래사회는 인공지능과 인간이 협업을 통해 서로 도움을 주고받는 사회가 될 것이며, 이미 이러한 기술이 우리 사회에 도입되어 활용되고 있으므로 여기에 대비하는 교육이 이루어져야 한다.

④ 지식생태계의 대변환

사물과 사물은 물론 사물과 사람이 초연결되고 지능화됨으로써 학습 활동을 통한 지식 창조 과정이 전례가 없었던 방식으로 일어나고 있다. 제4차 산업혁명이 낳은 다양한 기술적 대안을 기반으로 필요한 사람이 필요한 학습자원에 접근할 수 있는 사회적 플랫폼을 구축하여, 직면하고 있는 문제나 도전 과제 해결에 적합하면서 가치가 높은 사람과 자원을 끌어들여 지금과 다른 성과를 창출하는 지식생태계를 구축할 필요가 있다(유영만, 2017, 65). 그러므로 미래교육은 새로운 지식들이 창출되는 플랫폼들을 잘 활용하는 교육으로 나아가야 한다.

⑤ 사회적 자본이 경쟁력

사회적 자본이란 일반적으로 집단 내 또는 집단 간의 협력을 촉진하는 사회적 기제로서 네트워크, 신뢰, 참여, 규범 등으로 정의하고 있다. 인적 자본과 사회적 자본은 인적 자원의 핵심적 요소로서 상호 보완적이며, 둘 다 경제적 성장뿐만 아니라 사회적 통합 등 지속 가능한 사회적 발전의 원동력으로서 중요한 역할이 시급하다. 제4차 산업혁명과 인공지능 시대에서 다양한 기관이나 국가들이 사회적 자본에 주목하는 이유는 사회적 관계의 유용성을 새롭게 자각하고 있기 때문이다. 최근 들어 한국사회는 저성장과 사회적 갈등 문제 등으로 어려움에 처해 있다. 잠재 성장률의 저하, 양극화 심화, 초고령화, 인구 절벽, 청년 실업, 경력 단절, 일과 가정 양립에 대한 사회적 요구 증대 등으로 경제 성장에 필요한 새로운 동력이 요구되고 있다(주형근·김선태, 2017, 71-72). 그러므로 미래사회는 사회적 자본의 축적을 통해서 이러한 문제를 극복해 나가는 노력을 수행해야 한다.

⑥ 창의성이 국가경쟁력

창의성 교육은 반드시 이루어져야 한다. 창의성 교육을 통해 인생을 살면서 반드시 필요한 능력을 쌓을 수 있기 때문이다. 창의성 교육이란 일종의 지적 도전 경험을 쌓는 수련이다. 학교를 졸업하고 사회에 나가면 이제까지 학교에서 배우지 않았던 문제들에 직면하게 된다. 이런 상황에서 창의성 교육을 받지 않은 사람은 조금 생각해 보다가 답이 보이지 않으면 금세 포기한다. 그러나 창의성 교육을 받은 사람은 다르다. 지금 우리는 이런 인재를 키우는 교육을 하지 못하고 있다. 창의성 교육이 제대로 이루어진다면 국민 전체를 창의성, 도전 정신, 열정을 가진 인재로 변화시킬 수 있다. 이것이 곧 국가 경쟁력이다(황농문, 2018, 37-38).

급격하게 변화하는 미래사회에서는 새로운 것을 만들어내는 능력이 개인은 물론 국가경쟁력의 원천이 되기 때문에 대부분의 국가에서 창의성을 향상시키는 교육을 강조하고 있다. 이러한 측면에서 제4차 산업혁명시대의 미래교육에서는 창의성 개발을 위한 다양한 플랫폼을 만들어 활용해야 한다.

(2) 제4차 산업혁명의 핵심 기술

① 사물인터넷

사물인터넷이란 정보통신 기술을 기반으로 모든 사물을 연결해 사람과 사물, 사물과 사물 간에 정보를 교환하고 소통하는 지능형 인프라 및 서비스 기술(이기혁·강선준, 2020, 195)로, 상호 연결된 기술과 다양한 플랫폼을 기반으로 사물(제품, 서비스, 장소)과 인간관계를 연결하는 것을 의미한다. 더 작고 저렴하며 스마트해진 센서들은 제조 공정, 물류 과정, 집, 의류, 액세서리, 도시 기반시설, 운송망, 에너지 분야까지 내장되어 활용된다(이현청, 2019: 66). 사물인터넷의 주요기술은 센서 기술, 네트워크 기술, 플랫폼 및 서비스 인터페이스 기술 등이다. 센서 기술은 온도, 습도, 열, 가스, 조도, 초음파 등에 걸쳐 적용되며, 기술의 발전으로 원격 감지, 위치 및 모션 감지, 영상 센서 등 주위환경으로부터 정보를 획득하는 물리적 센서를 포함하고 있다. 정보통신 기술이 지금은 5G기술에 머물러 있지만, 앞으로 6G기술로 발전하게 되면, 더 고도화되고 다양한 사물인터넷이 우리 사회의 구조와 외형을 변화시킬 것으로 예상된다.

② 빅데이터

빅데이터는 인공지능의 뇌와 같은 기능을 하는 것으로, 정치, 경제, 사회, 문화 및 과학기술 등 인류사회에서 발생하는 다양한 정형 또는 비정형 데이터의 집합이다. 정형 데이터는 모집단을 정의하고 수집된 표본자료는 행(row)을 사례, 열(column)을 변수로 하는 표의 형태이다. 비정형 데이터는 소리(sound), 이미지(image), 텍스트(text) 자료와 같이 표로 정리하기 어려운 자료를 의미한다(유진은, 2021, 20). 비정형자료는 기존의 데이터베이스 관리 도구로는 분석이 어려우며, 이러한 데이터로부터 새로운 가치를 찾아내고 결과를 분석하여 급변하는 현대사회에서 다양한 요구를 충족해줄 가능성을 제시하고 있다. 빅데이터는 단순히 데이터양이 많은 것이 아니라 기존의 데이터 수집·저장·관리·분석 역량을 넘어서는 대량의 데이터 세트를 의미한다. 미래사회는 빅데이터 활용을 통해서 편리한 사회가 되겠지만, 여기에 따른 문제점도 예상된다. 가장 대표적인 것이 인간 개개인의 생체 정보를 포함한 일거수일투족이 빅데이터 안에 포섭되고 노출됨으로써 사생활 영역이 극도로 위축되는 '빅브러더' 사회의 도래에 대한 우려이다. 따라서 이러한 부작용까지를 염두에 둔 다각적인 접근이 이루어져야 한다.

③ 클라우드 컴퓨팅

클라우드 컴퓨팅(cloud computing)의 클라우드는 인터넷의 존재를 겨냥하고 있는 개념이다. 클라우드 컴퓨팅은 지금까지 개인용 컴퓨터나 사내 서버에서 실행되던 정보처리를 인터넷을 통해 외부에 있는 서버가 실행하도록 하는 방법이다. 클라우드는 인터넷을 통해 서비스 제공자의 서버에 저장된 애플리케이션과 서버 자원을 사용자가 필요할 때마다 선택하여 사용할 수 있다. 또한 언제 어디서 어떤 전자통신기기를 사용하든지 간에 인터넷을 통해 서버에 접속하여 업무를 처리할 수 있도록 IT 자원을 제공하고, 사용한 만큼의 대가를 지불하는 것을 의미한다(한정석, 2021, 38-40). 미래사회는 정보통신 기술의 발전으로 다양한 형태의 클라우드 기술이 생겨날 것으로 예상이 된다. 그러므로 이러한 기술을 잘 활용할 수 있는 교육적 대처 방안도 모색해야 한다.

④ 인공지능

인공지능(Artifical Intelligence, AI)은 인간의 학습능력, 추론 능력, 지각 능력, 논증 능력, 자연언어의 이해 능력 등을 인공적으로 구현한 컴퓨터 프로그램 또는 이를 포함한 컴퓨터 시스템으로, 즉 "인공적으로 인간을 닮은 지능 시스템"이라고 정의하고 있다(안종배, 2021: 26). 인공지능에 대한 관심이 증가하여 점점 더 빠른 컴퓨터 프로세서가 등장하고 있고, 많은 양의 교육용 빅데이터가 활용되고 있다(Holmes·Bialik·Fadel, 2019, 191). 인공지능은 강인공지능과 약인공지능, 일반인공지능으로 분류된다. 강인공지능은 인간의 마음을 복잡한 정보처리로 구현한 것이고, 약인공지능은 단순히 인간능력의 일부를 시뮬레이션하거나 수행하는 것을 목적으로 하고 있으며, 일반인공지능은 인간의 두뇌 전체를 수학적으로 묘사하여 다목적 과제를 수행할 수 있도록 만든 인간과 같은 범용적 인공지능이다. 이제 인공지능이 발전하여 인간들을 편리하게도 만들어주지만, 이에 따른 윤리와 도덕적인 문제도 예상되므로 이러한 문제에 대처할 수 있는 대안들이 마련되고 교육되어야 한다.

(3) 제4차 산업혁명과 미래교육 패러다임

제4차 혁명시대의 미래교육 패러다임을 국제미래학회와 한국교육학술정보원(KERIS)의 미래교육보고서인 『제4차 산업시대 대한민국 미래교육보고서』를 토대로 하여 미래교육의 목적과 방향, 혁신과제들의 세 부문에 걸쳐 다음과 같이 제시하고자 한다.

① 미래교육의 목적과 방향

미래교육의 비전과 목표는 제4차 산업혁명시대를 주도할 세계 일류의 미래 창의 혁신 인재를 양성하는 것으로, 개인의 창의성과 다양성이 존중되고 행복한 삶과 건강한 사회의 지속 발전에 기여하는 교육을 실현하는 것이어야 한다(안종배, 2017, 171). 이러한 대한민국 미래교육 비전과 목표를 구현하기 위해 미래교육 체계 전체의 총체적이고 혁명적인 변화가 필요하다. 즉 미래교육 시스템 혁명으로 제4차 산업혁명시대에 대응하는 유연한 학제, 자율적 교육과정과 평가, 다양한 진로직업교육, 자율적 맞춤 입시제도와 혁신적 대학제도, 다양한 장학복지의 변화가 구현되어야 한다. 또한, 제4차 산업혁명시대에 대응하는 창의적 미래학교와 지역과 함께하는 학교, 교사 역할과 교사 시스템 및 교사의 영역 변화, 교육공간의 변혁, 직업학교와 대학의 변화가 이루어져야 한다. 그리고 미래교육 콘텐츠 혁명으로 제4차 산업혁명시대에 대응하는 창의적 인지 역량, 인성적 정서 역량, 협력적 사회 역량, 생애주기 학습 역량을 함양할 수 있는 교육 콘텐츠가 개발되고 실현되어야 한다.

② 미래교육의 인재상

제4차 산업혁명시대에 필요한 미래 창의 혁신 인재는 4대 핵심 기반 역량을 바탕으로 이루어진다. 이 네 가지 역량은 개별적인 것이라기보다는 상호 연결되면서 수업을 통해 동시적으로 함양되어야 한다(안종배, 2017, 175-176). 첫째 창의로운 인지 역량 영역으로 창의성과 문제 해결 사고력, 미래 도전력, 인문학적 소양 등을 말한다. 둘째 인성을 갖춘 정서 역량 부문이다. 여기에는 인성·윤리의식, 문화예술 소양, 자아 긍정 관리, 협업 리더십 등의 역량이 해당한다. 셋째 협력하는 사회 역량 부문으로, 소통과 협력, 사회적 자본 이해, 글로벌 시민의식, 스포츠·체력과 관련된 역량이다. 넷째 생애주기 학습 역량으로, 여기에는 자기주도 학습력, 과학기술 변화 이해, ICT 활동 능력, 평생학습능력 등이 해당한다,

이러한 미래 인재의 4대 핵심 기반 역량을 바탕으로 하여 제4

차 산업혁명시대에 필요한 영역별 융합적 전문 역량을 함양하여 건강한 미래사회를 주도할 수 있는 창의적 사고력과 인성을 갖춘 인재를 양성하여야 할 것이다.

③ 미래교육의 혁신과제

대한민국의 미래교육이 혁신되기 위해서는 두 가지의 교육 패러다임에 걸쳐 10대 혁신 과제를 실행해야 한다. 첫 번째는, 지식 전달 중심 교육에서 역량 함양을 중심으로 하는 교육으로 변화되어야 한다. 두 번째는, 통제적 교육제도에서 자율적 교육제도로 변화되어야 한다(안종배, 2017, 177-180).

먼저 역량 함양을 중심으로 하는 교육으로 변화되기 위해서는 첫째, 입시제도의 혁신이 필요하다. 기존의 객관식 문제 풀이 방식의 수능시험은 폐기하고, 제4차 산업혁명시대에 필요한 미래 창의 혁신 역량을 평가하는 방식으로 대학이 자율적으로 학생을 선발하는 방향으로 바뀌어야 한다. 변별력이 떨어지고 '물수능'이라는 평가를 받는 현재의 대학 입시가 역량 평가 중심으로 대학 자율에 맡겨져야 한다. 둘째, 교육 내용 혁신이 필요하다. 단순 지식 및 문제 풀이를 탈피하여 창의로운 인지 역량, 인성을 갖춘 정서 역량, 협력하는 사회적 역량, 생애주기 학습 역량을 갖춘 미래 창의 혁신 인재 역량을 함양하는 교육 및 통합적 교육을 실시하여 제4차 산업혁명시대에 필요한 미래 인재 양성에 중점을 두어야 한다. 셋째, 교육방법의 혁신이 필요하다. 기존의 교사 중심의 주입식 교육을 지양하고 학생의 능동적 참여와 협력을 통해 미래에 필요로 하는 역량을 강화시키는 교육이 필요하다. 넷째, 교육 평가의 혁신이 필요하다. 학생들 간의 순위를 매기기 위한 결과 측정 평가가 아닌 개별 학생의 역량과 교육과정 중의 평가로 전환하여, 스스로 사고하며 학생들의 숨은 역량을 끌어내어 미래 인재상으로 키워 나가도록 평가 혁신이 반드시 필요하다. 다섯째, 대학교육혁신이 필요하다. 학생들의 미래 전문 역량 함양을 위한 교육과정과 교수법 개혁으로 미래가 필요로 하는 전문 인재를 육성하고 발전시키는 데 필요한 대학 교육 전반의 개혁이 필요하다.

다음으로 중앙정부 중심의 통제적 교육제도에서 단위 학교 중심의 자율적 교육제도로 교육의 패러다임을 바꾸기 위한 핵심 과제로는 첫째, 학제 운영의 혁신이 필요하다. 학생 수준에 따라 교육 내용별로 학년제와 무학년제를 학교에서 자율 운영토록 함으로써 학생 개개인의 학업 성취도와 역량에 맞게 학제가 운영되어야 한다. 둘째, 교육과정 운영의 혁신이 필요하다. 중앙정부가 제시하는 교육과정을 참조하되 학교 단위의 특성을 살려 학생들의 역량 함양에 적합한 교육과정을 구성하여 각 학교가 자율적으로 운영하는 것이 필요하다. 학교에 따라 차별적으로 평가되지 않고 학교 단위의 특성과 학생들의 역량에 적합한 교육과정을 자율적으로 구성하여 운영하도록 하는 것이 중요하다. 셋째, 진로 진학 지도의 혁신이 필요하다. 미래 사회에의 적응력 강화와 평생교육의 관점에서 학생들의 적성과 생애주기에 맞게 진로 진학 지도가 이루어져야 한다. 인문계고와 특성화고 칸막이를 폐지하여 교육과정을 통해 자신의 역량에 적합한 진로를 찾고 실현할 수 있도록 진로·진학 지도 교육이 이루어져야 한다. 넷째, 대학 운영의 혁신이 필요하다. 대학의 학생 선발, 대학의 전공 및 교육과정, 특성화 등을 대학이 자율적으로 계획하고 운영할 수 있도록 대학 지원제도 개편이 필요하다. 또한, 고등학교와 대학이 연계되어 계기적인 교육이 이루어지고 역량을 발휘할 수 있도록 해야 한다. 다섯째, 교육 거버넌스의 혁신이 필요하다. 중앙정부는 장기적인 교육 방향과 정책을 제시하고 교육 정책의 최종 선택과 운영 결정은 학교 단위의 거버넌스에서 자율적으로 운영하도록 개혁해야 한다.

이상의 미래교육 10대 혁신 과제가 실현되어야 기존의 틀을 깨고 제4차 산업혁명시대를 이끌어갈 수 있는 미래 지향적인 인재를 양성하는 역할을 대한민국의 교육이 담당하게 될 것이다.

2) 제4차 산업혁명시대의 교육을 위한 교육과정
: 더 나은 미래, 모두를 위한 교육

(1) 2022년 개정 교육과정의 추진 배경

교육부는 디지털 전환, 기후환경 변화 및 학령인구 감소 등에 대응하여 미래사회에 필요한 역량을 함양하고 학습자 맞춤형 교육을 강화할 수 있도록 미래 교육비전의 정립과 수업 및 평가 개선을 포함하는 교육과정 체제 전환이 필요함에 따라 2022년에 교육과정을 개정하기 위한 배경을 다음과 같이 설명하고 있다(교육부, 2021, 3).

첫째, 예측할 수 없는 변화에 대응할 수 있는 교육 혁신 필요하다. 디지털 전환에 따른 산업 및 사회 변화와 감염병 확산, 기상이변과 기후환경 변화 등 다양한 위기 상황에 대응하고 극복하는 능력 등을 키워주는 교육 체제 구현이 필요하다.

둘째, 학령인구 감소 및 학습자 성향 변화에 따른 맞춤형 교육 기반이 필요하다. 저출생 현상의 심화, 디지털 전환 등에 대응하여 학생 개개인의 역량을 최대한 발전시켜 줄 교육과정과 교수 학습 체제 및 교육환경 구축 필요하고, 디지털 친화적 도전적 특성을 갖는 학습자들을 위한 새로운 교육과 최적화된 맞춤형 교육으로의 변화 요구가 증가하고 있다.

셋째, 새로운 교육환경 변화에 적합한 역량 함양 교육이 필요하다. 지식·정보의 폭발적 증가에 따라 단편적 지식의 습득보다 학습한 내용을 삶의 맥락에서 적용하고 복잡한 문제를 해결하는 역량이 중요하다. 당면한 사회적 변화에 능동적으로 대응할 수 있도록 모든 학생의 소질과 적성을 바탕으로 미래 핵심 역량을 키우는 교육 혁신이 필요하다. 빠르게 변화하는 디지털 전환에 대응할 수 있도록 교육과정 혁신, 온-오프라인 연계 등 새로운 교수 학습의 확산 기반 마련할 필요가 있다.

넷째, 현장 수용성 높은 교육과정에 대한 요구가 증대되고 있다. 미래교육에 적합하고 학교 현장의 수용성 높은 교육과정 개발과 관련하여 교육 주체와 국민의 참여 확대 요구가 증가하고 있다. 또한 지역 학교 교육과정 분권화·자율화에 대한 요구가 증가함에 따라, 다양한 교육 주체 간 협력적인 교육과정 개발 체제로의 개선이 필요하고, 고교학점제 등 학습자의 특성 및 진로와 적성에 맞는 맞춤형 교육을 위한 교육과정 및 지원 체계를 마련해야 한다.

(2) 2022년 개정 교육과정의 비전 및 주요 추진 과제

〈그림 1〉 2022년 개정 교육과정 비전 및 주요 추진 과제

비전	포용성과 창의성을 갖춘 주도적인 사람

개정 중점	○ 미래 사회가 요구하는 역량 함양이 가능한 교육과정 ○ 학습자의 삶과 성장을 지원하는 교육과정 ○ 지역·학교 교육과정 자율성 확대 및 책임교육 구현 ○ 디지털·AI 교육환경에 맞는 교수·학습 및 평가체제 구축

추진 과제	**미래 대응을 위한 교육과정** ○ 인간상 등 교육방향 제시 ○ 공동체 가치 및 역량 강화 ○ 디지털 기초소양 강화 ○ 모두를 위한 교육 강화	**학교 현장의 자율적인 혁신 지원** ○ 학교 교육과정 자율성 확대 ○ 초·중학교 교육과정 운영의 유연성 제고 ○ 창의적 체험활동 및 범교과 학습 주제 개선
	학습자 맞춤형 교육 강화 ○ 초·중등학교의 학교급간 진로연계 교육 강화 ○ 고교학점제 안착 ○ 직업계고 교육과정 개선	**교육환경 변화 대응 지원** ○ 역량 함양 교과 교육과정 개발 ○ 디지털 기반 교수학습 혁신 ○ 교육과정 지원체제 구축

추진 체계	국민과 함께하는 교육과정 개정

2022년 개정 교육과정의 중점 사항은 다음과 같이 요약할 수 있다(교육부, 2021, 10-11).

첫째, 미래사회가 요구하는 역량 함양이 가능한 교육과정이다. 미래사회 변화에 대응할 수 있는 기초 소양과 역량을 함양할 수 있도록 교육과정을 개선하고, 기후와 생태환경 변화 등이 가져오는 지속가능한 발전 과제에 대한 대응 능력 및 공동체적 가치를 함양하는 교육을 강화하고, 기초학력 보장 지원 및 특수교육 대상 학생, 다문화 학생 등 모두를 위한 교육과정으로 강화한다.

둘째, 학습자의 삶과 성장을 지원하는 맞춤형 교육과정이다. 학습자 스스로 목적의식을 가지고 자신의 희망 진로와 적성을 바탕으로 무엇을 어떻게 배울지 주도적으로 교육과정을 설계할 수 있도록 지원하고, 고교학점제 등 모든 학생의 개별 성장 맞춤형 교육과정을 구현하며, 미래의 다양한 진로와 직업 사이에서 원활히 이동할 수 있도록 융통성을 강화하고, 스스로 삶과 진로를 설계할 수 있도록 진로 연계 교육과정을 운영하고, 새로운 산업 분야의 직무 변화를 반영한 직업계 고등학교 교육과정을 개선한다.

셋째, 지역·학교 교육과정 자율성 확대 및 책임교육 구현한다. 학생의 요구와 학교의 여건을 고려한 교육과정의 자율성 확대 및 지역 학교 간 교육격차 완화와 책임교육을 구현하고, 평생학습자로 성장할 수 있도록 자기 주도적 학습능력과 기초학력을 함양할 수 있도록 지원하고, 다양한 교육 주체들의 역할과 전문성을 존중하는 상호협력 체제 구축 및 지역사회와 교육공동체 간 상호협조 체제를 마련한다.

넷째, 디지털·AI 교육환경에 맞는 교수·학습 및 평가체제를 구축한다. 핵심 아이디어 중심으로 학습 내용을 엄선하고, 실생활 맥락과 연계한 교수 학습 및 평가를 통해 학생의 자발적 능동적 참여를 강화하고, 비대면 원격교육의 확대와 디지털 시대의 교육환경 변화에 부합하는 미래형 교수 학습 방법과 평가체제를 구축하고, 교사의 디지털 에듀테크 활용한 역량 함양을 위한 기반을 조성한다.

(3) 2022년 개정 교육과정의 주요 내용

2022년 개정 교육과정의 주요 내용을 정리하면 다음과 같다(교육부, 2021, 12-42).

첫째, 미래 변화에 대응하는 방향으로 교육과정을 혁신한다. 미래사회를 대비하는 교육의 방향을 제시하고, 학습자의 공동체 가치 함양 및 역량을 강화하며, 초·중·고 학생의 디지털·AI 소양

함양 교육과, 모두를 위한 교육과정을 강화한다.

둘째, 현장의 자율적인 혁신을 지원·촉진하는 교육을 강화한다. 이를 위해 분권화를 바탕으로 교육과정의 자율성을 확대하고, 초·중학교 교육과정 운영의 유연성을 제고하며, 창의적 체험 활동 및 범교과 학습 주제를 개선한다.

셋째, 교육과정 혁신을 통한 학습자 맞춤형 교육을 강화한다. 이를 위해 학생의 개성과 다양성을 존중하는 교육을 하고, 고등학교의 맞춤형 교육과정을 구현한다.

넷째, 교육환경 변화에 적합한 교과 교육과정 개발 및 지원한다. 이를 위해 역량함양 교과 교육과정을 개발하고, 디지털 기반 교수·학습을 혁신하며, 교육과정 지원체제를 구축한다.

다섯째, 특수교육을 위한 교육과정을 개선 방안을 모색한다. 이를 위해 기본 교육과정 개선방안을 모색하고, 통합교육을 강화 및 특수교육 대상 학생 맞춤형 교육을 지원하며, 특수학급의 고교학점제를 적용할 방안을 모색한다.

3) 제4차 산업혁명시대 미래교육의 변화와 방향

(1) 제4차 산업혁명시대 미래교육의 변화

① 캠퍼스 없는 사회의 도래

캠퍼스 없는 사회의 도래는 현재의 교육 시스템의 대변화가 이루어진다는 의미이다. 다시 말해 현재의 하드웨어적 인프라 중심의 교육에서 소프트웨어적 콘텐츠 중심 교육으로 바뀐다는 뜻이다. 제4차 산업혁명 사회의 교육은 캠퍼스 중심에서 캠퍼스 없는 교육체제로의 변화를 추동하는데 이는 가상 학습과 증강 학습, 그리고 융합학습 시대의 도래를 의미한다. 따라서 미래교육은 온전히 캠퍼스 없는 네트워킹 학습(networking learning), 협약 학습(contract learning), 자기 재단형 학습(self-tailored learning), 그리고 경험 중심 학습 등이 중요한 경향이 될 것이다. 이러한 변화는 기존의 교육체제와 체계의 대변혁을 의미하고, 한마디로 '학교 없는 학습사회(schoolless learning society)'가 도래할 것이라고 볼 수 있다(이현청, 2019, 159-160). 미래사회가 캠퍼스 없는 사회가 된다는 것은 또 다른 의미로는 앞으로의 교육체제가 평생교육체제가 될 것으로 예상되기 때문에 여기에 대비하는 교육정책을 수립해야 한다.

②교수자와 학습자의 변화

가르치는 이, 즉 교수자는 이제 가르치는 입장이 아니라 코칭의 입장, 교육 상담자의 입장, 교육 디자이너의 입장, 교육 파트너의 입장에 서게 되고, 학습자 또한 자기 코칭의 입장, 자기 교육 디자이너의 입장, 그리고 교수자와 함께하는 교육 파트너의 입장뿐만 아니라 교육 정보 활용자의 입장에 서게 된다(이현청, 2019, 160). 제4차 산업혁명시대인 미래의 교육은 인간인 교사만이 아닌 학습을 위한 다양한 매체들이 간여하게 되기 때문에 학습자들은 이러한 다양한 매체들을 통해서 자율적으로 학습하는 것이 가능한 시대가 오고 있다. 여기에 대비하는 교육체제가 필요하다.

③교육과정의 변화

종래의 교육과정이 미래 인재를 양성하기 위한 교과를 이수해 왔다고 본다면, 제4차 산업사회의 교육과정은 장기적 안목에서의 교육과정이라는 특성을 벗어나 단기적이고 기초 교과과정 중심으로 개편될 가능성이 매우 높다. 지금까지의 교육이 미래 인

재로 성장하는 데 필요한 지식 습득 위주의 교과 내용을 그 특징
이라고 한다면, 제4차 산업 사회의 교육과정은 적시성 교육과 융
합 학습에 필요한 교과과정을 통해 첨단 산업에 즉시 활용될 수
있는 인재를 양성하는 교육이 되어야 한다. 이 점에서 교육과정
의 변화는 과거와 현재 및 미래를 조합하려는 전통적 관점에서
벗어나, 현재를 중심으로 미래를 준비하는 교과과정으로 바뀔 가
능성이 매우 높다. 특히 교육과정의 변화는 인문사회와 이공계로
이분화되어 있었던 틀에서 벗어나 인문사회계와 이공계를 융합
하는 형태로 대변혁이 이루어져야 한다(이현청, 2019, 161-162). 교
육부가 고시한 2022년 개정 교육과정은 현장 중심, 학생 중심, 학
부모 중심으로, 모두를 위한 교육과정으로 변화되고 있다.

④ 학습 방법의 변화

학습 방법의 변화는 지난 수년 동안 혁명적으로 이루어져 왔
고, IT 기술의 대혁신에 따라 예견했던 것보다 훨씬 빠른 속도로
진화하고 있다. 이러한 학습 방법의 변화를 주도하는 기술은 AR
과 VR의 조합이고, AR과 물리적 환경과의 조합, VR과 물리적 환
경과의 조합을 통해 혁신적으로 변화하고 있다. 학습방법의 변
화는 가히 혁명적으로 전개되고 있으며, 특히 초융합적·초네트

워크적 방법을 활용하기 때문에 향후 더 커다란 변화를 예견할 수 있다(이현청, 2019, 164). 미래교육의 학습 방법은 다양한 교수 매체를 활용하여 자신의 능력에 맞는 개인별 학습 체제의 도입으로 가시화되고 있다.

(2) 제4차 산업혁명시대 미래교육의 방향

제4차 산업혁명시대에 앞으로 미래교육이 나아가야 할 방향을 첫째, 문제해결을 위한 프로젝트 수업, 둘째, 교사들의 역량강화, 셋째, 새로운 협업의 공간을 구성하는 것으로 나누어 제시하고자 한다(미래교육연구회, 2022, 157-160).

① 문제해결을 위한 프로젝트 수업

근본적으로 주체적인 삶을 영위할 힘을 기르는 미래교육은 사교육에 의존하지 않고 학생 스스로 문제를 해결할 수 있는 역량을 길러주는 방향이 제시되어야 한다. 이를 위해서는 교육과정의 방법에서 단계별로 영감 갖기, 기초 다지기, 능력 키우기, 사회적 가치 창출하기로 구성된 학습 여정을 통해 정답이 없는 문제를 자기 나름의 방법으로 해결해 보는 프로젝트 수업 방법을 제시한다. 영감 갖기에서는 사회를 건강하게 살아가기 위해서 기본적으로 요구되는 시민의식을 함양할 수 있도록 게임이나 조작 활동, 광고 만들기, 인공지능 윤리 토론하기 등의 활동을 통해 사회적 문제를 인식하고 관련한 지식과 태도 가치를 학습하도록 돕는다. 기초 다지기는 인공지능, 3D모델링과 같은 기술을 활용해 실생활 문제를 해결하는 프로젝트를 수행한다. 능력 키우기 단계에서는 영역별로 미니 프로젝트를 수행하면서 좀 더 깊이 있는 개념적 이해와 이와 관련된 기술적, 사회적 역량을 기르게 한다. 사회적 가치 창출의 단계에서는 앞 단계에서 배운 지식, 기술, 가치등이 담긴 자료를 발표하고 공유하면서 결과를 평가하고 부족한 부분을 발견하고 다시 전 단계로 돌아가는 과정을 반복하면서 학생 스스로 삶의 문제를 해결하는 힘을 기르도록 한다.

② 교사의 역량강화

단순한 지식을 전달하는 전달자의 입장에서 벗어나 교사들도 시행착오 과정을 겪는 경험을 바탕으로 학생들이 교육과정에서 이탈하지 않도록 조력해 주는 가이드로서의 역할과 역량을 키워 나가야 한다. 역량 강화 과정은 오프라인 워크숍, 온라인 협업 활동, 쇼케이스 등 온-오프라인을 아울러서 구성되어야 한다. 교사 역량 강화 워크숍의 핵심은 커뮤니티를 활용을 통해 도움을 주고받으면서 함께 성장해 나가야 한다는 것이다. 교사들의 역량을 강화하기 위해 중요한 것은 변화를 지속시킬 수 있는 인식 변화이다. 교육공동체 구성원 모두가 지식과 경험을 공유할 수 있는 지식공유 네트워크를 구성하고 역량 강화에 집중할 수 있는 환경을 구성해야 한다.

③ 새로운 협업 공간 구성

학습자들 간의 창의적 협업이 효과적으로 이루어질 수 있는 학습 환경 조성과 구축이 필요하다. 우리 주변의 실제 사회문제는 대부분 복잡하며, 복잡한 문제를 다루기 위해서는 역할을 나누고 각자 역량을 결집하고 역할을 분담하며, 때로는 새로운 기술도 배워서 더하기 때문에 팀워크를 통한 협업 활동을 할 수 있는 공간 구성이 필요하다.

3. 제4차 산업혁명시대 보훈교육을 위한 모형

제4차 산업혁명시대의 미래교육을 위한 보훈교육의 모형을 첫째, 보훈교육의 개념, 둘째, 보훈교육의 이념, 목적과 목표, 셋째,

보훈교육의 내용, 넷째, 보훈교육의 방법, 다섯째, 보훈교육의 장으로 나누어 분석하고자 한다.

1) 보훈교육의 개념

21세기 제4차 산업혁명시대가 도래되었음에도 불구하고 이에 따른 보훈교육 개념이 아직 정립되어 있지 않다. 이러한 상황에서 미래세대 구성원들이 국가를 위해서 희생한 사람들의 희생정신을 기리고, 나라를 사랑하는 마음을 계승하고 평화통일의 주역으로 성장할 수 있도록 교육하여 미래사회의 민족공동체의 지도자로 자리매김하도록 하는 것이 미래 보훈교육의 올바른 방향이라고 생각한다. 그러므로 제4차 산업혁명시대의 미래교육에 대비해서 보훈교육의 개념 정의의 필요성을 절감하고, 국가보훈법, 국가보훈정책의 추진계획 등을 중심으로 하여 보훈교육의 개념을 아래와 같이 정의하고자 한다.

"보훈교육은 교육을 통해서 국가와 민족을 위해서 자신을 희생한 고인들의 정신을 기억하고, 애국(나라 사랑)하는 마음을 계승하고, 21세기 미래세대들에게 숭고한 희생정신을 길러나감으로 국민통합과 국가발전에 기여하고 궁극적으로 평화와 통일교육의 주역으로 성장하도록 이끌어가는 교육이다."

2) 보훈교육의 이념, 목적과 목표

교육이념이란 교육을 통해서 최종적으로 도달하여야 할 이념으로, 그 분야의 교육적 행위 전체를 관리하는 근본원리라고 할수 있다. 또한 교육 목적이란 일반적으로 교육을 통해서 달성하고자 하는 상태를 의미하며, 장기간의 교육을 통해서 계발되는 인간의 다양한 특성들, 곧 지적, 정의적, 심미적, 영적인 차원들의 변화와 성장을 총체적으로 포괄하는 개념이다. 이러한 교육 목적에는 다음과 같은 몇 가지 특성이 포함되어 있다(Allan C. Orstein Francis P. Hunkins, 2007, 431). 첫째로 목적은 선한 것이 무엇인가에 대한 이상과 영감적 비전을 제시하는 출발점이다. 둘째로 목적은 교육과정의 방향이 의미하는 것을 일반적으로 제시한다. 셋째로 목적은 가치판단의 진술로서 교육자들에게 교육과정을 위한 지침을 제공한다. 어떤 시대든 모든 교육자는 사회의 당대 목적을 해석해야 한다는 과제에 직면해 있다. 다음으로 교육목표는 교육을 통해서 달성하고자하는 최종적이고 구체적인

사항들을 의미한다고 할 수 있다. 이러한 측면에서 제4차 산업혁
명시대의 보훈교육을 잘 이해하기 위해 보훈교육의 이념, 목적,
목표를 설정하고자 한다.

(1) 보훈교육의 이념

국가보훈의 이념이란 첫째, '국가보훈의 이념'이 국가와 민족
을 중심으로 하는 내용을 담고 있다. 국가보훈의 이념을 다룸에
있어서 국가를 도외시하고는 그 용어가 성립되기 어렵다. 이런
점에서 국가보훈의 이념의 기본적인 주체는 '국가'임이 분명하
다. 둘째, 국가보훈의 이념은 자유민주주의라고 하는 보편적 가
치를 지향하고 있다. 자유민주주의는 현 단계 우리 인류가 만들
어낸 이념 중 가장 발전된 형태의 정치이념이라고 할 수 있다. 셋
째, 국가보훈의 이념은 애국선열들의 애국심과 애국정신을 계
승하는 데 초점을 맞추고 있다. 단순히 애국선열들에 대한 국가
적 차원의 보상 행위가 아니라 국가보훈의 최종적 목적은 나라
를 위한 애국선열들의 나라사랑 즉 애국정신을 계승하고(정경환,
2012, 94-95) 평화 통일정신을 함양하는 데 있다. 이러한 국가보
훈의 이념을 바탕으로 하여 보훈교육의 이념을 설정하면 다음과
같다.

보훈교육의 이념은 "나라 사랑(愛國) 교육의 이념 아래 애국선열들의 애국정신과 자유민주주의 정신을 기반으로 하는 국민통합과 국가발전에 기여하고, 평화와 통일의 역군을 양성하는 것을 목적으로 한다."는 것이다.(국가보훈법 제2조 참고)

(2) 보훈교육의 목적

다음으로 우리나라의 보훈정책의 목적은 첫째, 국가를 위하여 희생하거나 공헌한 사람의 숭고한 정신을 선양하고, 둘째, 그와 그 유족 또는 가족의 영예로운 삶을 도모하고, 셋째, 국민의 나라 사랑 정신 함양에 이바지하는 것이라고 할 수 있다. 그런데 보훈 대상자는 당초 6·25 전쟁 관련 유공자 위주로 시작되었는데 그 후 일제의 국권 침탈로부터 조국의 독립을 위해 희생하거나 공헌한 분들과 우리나라의 민주주의 발전을 위해 희생 및 공헌한 분들을 포함하는 등 범위를 확대하고 있다(전찬희, 2017, 75). 따라서 보훈교육의 목적은 우리나라 보훈정책의 목적을 기반으로 하여 다음과 같이 설정하고자 한다.

보훈교육의 목적은 국가를 위하여 희생하거나 공헌한 분들의 숭고한 정신을 기억하고 선양하는 것을 토대로 하여, 그 유족들의 영예로운 삶을 살 수 있도록 함으로써, 국민통합과 국가발전에 기여하며, 평화 통일에 기여하는 나라를 사랑하는 인간을 양성하는 데 그 목적이 있다(국가보훈법 제1조 참고).

(3) 보훈교육의 구체적 목표

나라사랑의 보훈이념과 보훈교육의 목표를 비탕으로 보훈교육을 통해서 궁극적으로 달성해야 할 최종적이고 구체적인 목표를 설정하면 다음과 같다.

첫째, 국가를 위하여 희생하거나 공헌한 사람의 숭고한 정신을 선양한다.

둘째, 유족 또는 가족이 영예로운 삶을 살 수 있도록 한다.

셋째, 국민의 나라사랑 정신을 함양한다.

넷째, 국민의 통합과 국가발전에 기여한다.

다섯째, 평화 통일교육을 주도하는 인간을 양성한다.

3) 보훈교육의 내용

교육의 목표가 설정이 되면 그 목표를 성취할 수 있는 교육 내용이 선정되어야 한다. 교육 내용은 보훈교육의 목표를 달성하기 위한 구체적인 교육 활동으로 제시해 놓은 것으로, 교육 내용은 교육목적을 달성하기 위해서 선정되고 조직되어야 할 학습 내용을 의미한다. 교육 내용은 전통적으로 축적된 지식이나 학습자의 경험 재구성을 위한 것뿐만 아니라, 축적된 전통과 현재적 경험, 그리고 미래의 개방성, 개인과 공동체 등이 변증법적으로 상호작용을 이루는 총체적 학습의 활동과 결과가 이루어지도록 충분히 검토하여 선정되고 조직되어야 한다.

(1) 보훈교육의 영역

보훈교육의 영역을 분석하기 위해, 먼저 국가보훈법 제3조 정의를 근간으로 살펴보고자 한다. 국가보훈법 제3조 정의는 국가를 위해서 희생과 공헌을 한 경우를 다음 네 가지로 명시하고 있다: "첫째, 일제로부터의 조국의 자주독립, 둘째, 국가의 수호 또는 안전보장, 셋째, 대한민국 자유민주주의의 발전, 넷째, 국민의 생명 또는 재산의 보호 등을 위해서 희생과 공헌을 한 경우이다. 구체적으로 살펴보면, '일제강점기의 독립운동', '6.25전쟁 및 베트남 전쟁 참전', '4.19와 5.18로 대변되는 민주화운동', '국민을 위한 공무 수행' 중에 당한 희생과 국민통합에 공헌한 정도를 국가유공자(혹은 보훈대상자) 자격의 근간으로 삼는다는 것이다(이찬수, 2021, 3).

다음으로, 국기보훈처에서 추진하는 보훈교육의 내용 영역은 독립, 호국, 민주의 3개의 영역으로 구분되어 있다. 그 구체적인 내용은 〈표 1〉과 같다.

〈표 1〉 보훈교육 내용 영역과 주제

내용영역	주 제	
1. 독립	애국가	독립운동가들의 삶
	일제치하의 고통	학생독립운동
	3·1운동	대한민국 임시정부 등
2. 호국	현충일	6.25전쟁
	학도병들의 희생과 공훈	통일
	나라를 사랑하는 마음	전쟁 영웅들 등
3. 민주	민주화운동	
	4.19혁명	5.18 민주화 운동
	3.15의거 기념일	6.10 민주항쟁

(2) 보훈교육의 내용

국가보훈법, 보훈교육의 내용 영역 등을 근간으로 하여 보훈교육의 내용을 다음과 같이 5개의 내용으로 설정하고자 한다(보훈교육원, 2013, 42-69 참고).

① 대한민국 국민으로서 자긍심을 가짐

② 호국 보훈의식을 함양함

③ 올바른 역사의식을 갖춤

④ 자유로운 민주시민의식을 기름

⑤ 21세기 미래세대에 맞는 건강한 안보관과 평화통일 의식을 겸비함

첫째, 대한민국 국민으로서 자긍심을 갖는다는 것은 대한민국의 건국이념이 공화국, 민주주의, 자유라는 세 가지 키워드로 구성되었다는 사실을 인지하고 그 의의에 자부심을 느끼는 것이다. 이 가치들은 상해임시정부의 법통을 이어받은 대한민국의 건국정신이 되었다. 그리고 그 덕분에 우리는 대한민국이 세울 만한 가치가 있는 국가였고, 지키고 가꿀 만한 가치가 있는 국가였으며, 그렇기에 사랑할 만한 가치가 있는 국가가 되었다고 '자신 있게' 말할 수 있게 된 것이다.

둘째, 호국 보훈의식을 함양한다. 지금이야말로 빼앗긴 나라를 되찾고 새로운 나라를 만들었으며 그 나라를 지키고 가꾼 항일, 독립, 호국, 산업화, 민주화의 희생과 공헌 및 노고가 호국·보훈의식의 핵심임을 후대에게 일깨워 주어야 할 때다. 항일과

정부 수립 노력, 호국을 통해 대한민국의 이상을 수립하고 그 이상을 보전하기 위해 산화한 열사와 용사들의 멸사봉공과 살신성인의 정신을 기억과 기념의 정치로 간직해야 할 필요성은 아무리 강조해도 지나침이 없다.

셋째, 올바른 역사의식을 갖춘다. 우리는 승리와 영광으로 빛나는 역사를 되새기는 일 못지않게 수치스럽고 열패감을 야기하는 '치욕의 역사'도 결연한 마음으로 기억할 필요가 있다. 또 치욕의 역사가 된 원인도 찾아내고 후대에게 길이 전승해야 한다. 그것은 실패를 돌아보며 참회하고 공과를 따져볼 성찰함으로써 잘못을 되풀이하지 않기 위해서이다. 이것이야말로 바람직한 역사의식을 가져야 할 마땅한 이유이다. 이 점에서 망국의 역사를 직시하고 후대에게 망국의 교훈을 엄숙하게 가르쳐 줄 필요가 있다.

넷째, 대한민국의 국민으로서 자유로운 민주시민의식을 기른다. 시민이 권리를 향유하는 존재라는 의식은 특히 민주화 이후 크게 신장되었다. 권위주의가 해체되면서 인권은 물론이지만, 표현의 자유, 결사의 자유, 집회시위의 자유 등이 보장되기에 이르렀고 시민의 삶은 풍요로워진 것이다. 비로소 우리는 자유민주주의 공화국에 걸맞은 권리와 자유를 누리는 존재가 된 것이다. 하지만 권리의식은 크게 신장된 반면에 책임의식이나 타인에 대한 배려 정신은 오히려 줄어들었다. 실추된 시민의식을 높일 수 있는 해법을 다섯 가지 범주로 나누어 제시해보기로 한다. ① 예의 바르게 권리를 행사하는 시민의식을 가질 필요가 있다. ② 법을 지키고자 하는 시민의식이 요구된다. ③ 남을 배려하는 시민정신이 살아 꿈틀거려야 한다. ④ '다름'을 인정하고 한걸음 더 나아가 존중하는 시민의식이 함양되어야 한다. ⑤ 공동체에 '충성심'을 갖는 시민의식이 필요하다.

　다섯째, 21세기 미래세대에 맞는 건강한 안보관과 평화통일 의식을 가지도록 한다. 나라사랑은 '안보의식'과 직결되어 있다. 대한민국의 정부 수립은 민족의 역사상 최초로 자유, 평등, 인권 그리고 민주주의를 지향하는 공화국을 탄생시켰다는 의미가 있다. 하지만 정부 수립 노력과 호국, 산업화, 민주화를 통해 대한민국이 향유하게 된 자유와 평등, 민주주의와 같은 소중한 가치는 '평화의 나라'의 경우처럼 정상적인 방식으로 얻어진 것이 아니었다. 이제 21세기 주역이 되는 미래세대들에게 종전의 북한을 적국으로 몰아가는 안보교육을 하기보다는 남북이 서로 종전선언을 하고, 평화협정을 체결하며, 핵전쟁의 위협에서 벗어나 평화로운 국가를 건설해 나가야 한다는 의식을 가르쳐야 한다.

4) 보훈교육의 방법

제4차 산업혁명시대에 보훈교육의 구체적인 교육방법으로 학습자들이 효율적으로 학습이 일어나도록 수단과 방법을 첫째, 이야기를 통한 교육방법, 둘째, 토론식 교육방법, 셋째, 협동학습방법, 넷째, 문제 중심 교육방법, 다섯째, 플립러닝 교육방법, 여섯째, 메타버스 교육방법 등으로 나누어 분석하고자 한다.

(1) 이야기를 통한 교육방법

이야기를 통한 교육방법을 통해서 독립운동, 호국보훈 운동, 민주화 운동에 관련된 사항을 이야기 방식으로 구성하여 학습자들에게 전달함으로 보훈교육의 목적이 효율적으로 달성될 수 있도록 하는 것이다. 이야기를 통한 교육 방법은 학습자들이 이야기에 몰입되어 감동을 받고, 이야기 속 인물과 동화되어 그들의 정서를 함께 나눌 수 있다. 특히, 이야기 속에서 주인공들이 역경을 극복하면서 국가와 민족에 이바지해 가는 과정을 통해, 그들의 공훈을 간접적으로 경험함으로써 국가와 민족을 위한 삶에 대한 통찰력을 지니기도 한다. 이야기 교육 방법이 주는 효과에 관하여 최근 연구물들을 분석해 보면 다음과 같다(옥장흠 김건형, 2013, 181-182). 첫째, 이야기 교육은 도덕적 발달에 영향을 준다. 둘째, 이야기 교육은 인간의 정의적 능력을 향상시키며, 자신의 생각을 표출하게 하며, 타인의 생각을 내면화 한다. 셋째, 이야기 교육은 학습자의 흥미와 동기를 유발시키는 데 효과적이다. 넷째, 이야기 교육은 바람직한 태도 형성에도 효과가 있다. 환경교육에서는 환경문제를 효과적으로 인식하고 환경 보전에 대한 바람직한 생활 습관의 변화를 유도하기 위해 초등 환경교육에 이야기 교육을 활용하여 가치, 태도, 행동, 참여 영역 측면에서 효과가 있음이 나타났다. 다섯째, 이야기 교육은 자아 효능감의 형성에도 긍정적인 효과가 있다. 여섯째, 이야기교육은 창의력을 향상시키는 데 도움을 준다. 특히 문화, 예술 방면 교육에서 이 방법이 주목 받고 있는데, 디자인이나 소설 창작 등의 분야에 진입하려는 학생들의 기본 소양을 키우기 위한 기재로 활용된다. 그러므로 독립, 호국, 민주 등과 관련된 일화나 이야기 등을 통해서 보훈교육의 교육목표를 효과적으로 달성할 수 있다.

(2) 토론식 교육방법

토론식 교육 방법은 학습자 상호간의 의사교환을 통해 결론에 도달하는 학습활동으로, 독립운동, 호국보훈 운동, 민주화 운동에 관련된 주제들을 두고 토론함으로써 보훈교육의 목적이 달성될 수 있다. 특히, 토론식 교육 방법은 하나의 주제를 놓고 각자의 의견을 밝히고 남의 의견을 청취하는 과정을 통해서 문제의 해결점에 도달하는 방법이다. 그러므로 이 교육 방법은 학습자 개개인의 참여의식을 높이고 자유롭게 의사를 표현하는 개방된 태도를 기를 수 있다. 토의의 과정을 통해 무엇보다도 민주적인 의사결정 능력을 기를 수 있다. 토론식 교육 방법의 기본조건은 다음과 같다(조규락 외, 2006, 263-268). 첫째, 토의 주제는 학생에게 의미 있는 것이어야 한다. 둘째, 발언의 기회는 공평하게 주어져야 한다. 셋째, 토론의 분위기는 자유로워야 한다. 넷째, 토론 주제에 대해서 참석자들은 사전에 준비 조사를 해야 한다. 다섯째, 남의 의견을 성실하게 듣는 태도를 가져야 한다. 이러한 토론식 교육 방법을 통해서 보훈교육과 관련된 학습 의제들의 교육목표들을 효율적으로 달성할 수 있도록 활용해야 한다.

(3) 협동학습방법

협동학습(Cooperative learning)이란 소집단이 공동 목표를 성취하기 위해 동료들과 함께 학습하도록 구조화된 체계적인 수업기법이다. 즉, 집단 구성원들의 학습을 최적화하기 위해 소집단을 활용하는 구조화된 수업 형태가 협동학습이다. 독립운동, 호국활동, 민주화 운동 등과 관련된 주제들을 교육목표로 설정하여 보훈교육의 목적이 달성될 수 있도록 한다. 협동학습에는 다양한 모형이 있지만, 대체로 학습목표를 교사가 개략적으로 소개한 후 학생들은 과제 특성에 따라 4~6명으로 소집단을 구성해서 학습하게 된다(전성연 외, 2007, 14-15). 또한 슬래빈(Slavin)은 협동학습의 기본 원리로서 집단보상, 개별책무성, 성공 기회의 균등을 제시하고 있다(전성연 외, 2007, 17). 그러므로 협동학습을 통해서 보훈교육의 목표를 효과적으로 달성할 수 있는 다양한 방안들을 세워야 한다.

(4) 문제 중심 교육방법

문제 중심 학습(problem-based learning: PBL)은 구성주의 심리학에 바탕을 둔 새로운 학습 방법이다. 이것은 해결해야 할 실제적인 문제들을 중심으로 하는 학습자 중심의 학습방법으로, 독립운동, 호국활동, 민주화 운동에 관련된 문제들을 중심으로 보훈교육의 목적이 달성될 수 있도록 한다. 문제 중심 학습에서 문제란 단순히 특정 주제나 단원의 내용에 대한 질문형식이 아니라 실제 사회에서 직면할 수 있는 복잡성과 비구조화 된 특성을 가진 문제를 말한다. 따라서 문제 중심 학습이란 이와 같은 실제 맥락적인 문제를 중심으로 소집단의 협동학습을 통해 문제를 해결해 나가는 과정에서 관련 지식, 협동학습능력, 문제 해결 능력, 의사소통 능력, 자율적 학습 능력을 함양하는 학습 방법이다(변영계 외, 2007, 178). 그러므로 문제 중심 학습을 통해서 독립운동, 호국활동, 민주화 운동에 관련된 실제적인 문제들을 주제로 하여 보훈교육의 목적을 달성할 수 있다.

(5) 플립러닝 교육방법

플립러닝(Flipped learning)은 '뒤집어진 학습', '거꾸로 학습', '역전 학습' 등으로 번역할 수 있다. 플립러닝이란 학습자가 집에서 먼저 학습할 내용을 스스로 공부하고, 수업 시간에 다른 학습자들과 협력적인 환경에서 과제를 수행하는 학습 모델이다. 이때 학습자는 동영상 강의를 숙제로 시청하고 강의실에서는 해당 내용을 적용한 체험 기반의 학습과 심화 응용 학습을 수행하는 것이다. 또한 학습자가 수업 전 교과서 및 관련 학습 자료를 미리 예습을 하고 수업에서는 강의 방식이 아닌 토론 학습, 보충 및 심화 학습에 참여한다. 강의실 밖에서 이루어지는 정보전달과 검색을 통해 비판적 사고와 학습과정의 응용단계를 위해 준비하고

수업 중에는 토론, 협업, 상호활동 등을 수행하는 교수방법이다
(이민경 외, 2017, 24). 따라서 독립운동, 호국활동, 민주화 운동에
관련된 내용들을 기반으로 플립러닝 교육방법은 보훈교육의 목
적 달성에 효과적인 방법이 된다.

(6) 메타버스 교육방법

메타버스(metaverse)는 현실세계의 사회적·문화적·경제적 활
동을 초월한 가상의 개념으로, 현실을 디지털 기반의 가상의
세계로 확장시켜 가상으로 확장된 공간과 물리적으로 영구화
된 가상공간의 융합으로 현실과 상호작용하는 가상의 세계"이
다. 메타버스는 증강현실(Augmentation Reality: AR), 라이프로깅
(Life-logging), 거울세계(Mirror-Worlds), 가상세계(Virtual-Worlds)
등의 로드맵(김상균, 44-277 참고)을 기반으로 하는 게더타운
(Gather town), 제페토(Zepeto), 로브룩스(Robuk), 마인크래프트
(Minecraft), SKT의 이프랜드(ifland) 등의 플랫폼을 활용하여, 3D
온라인 가상세계에서 회의, 행사, 교육, 업무, 협업을 수행하고,
HMD 고글이나 웨어러블 글래스를 착용하여 가상세계로 접속하
여 교육 혹은 작업을 수행하는 방법이다(변문경 외, 2021, 74-171 참
고). 메타버스와 관련하여 사용되는 기술은 인공지능, 빅데이터,

XR(확장현실, eXtended Reality), 블록체인, 5G네트워크, IoT 기술 등을 융합하여 다양한 방법으로 활용되고 발전하고 있다. 메타버스를 통한 교육 방법은 가상의 공간에서 다양한 플랫폼을 활용하여 독립운동가, 호국활동 용사, 민주화 운동가들을 직접 만날 수도 있고, 역사적 현장을 실감 있게 체험할 수도 있는 교육 등을 통해서 보훈교육의 목적달성에 이바지할 수 있다.

5) 보훈교육의 장

보훈교육의 장은 보훈교육이 이루어지는 장소를 의미한다. 보훈교육의 장은 교육의 기본 형태인 현장인 학교교육, 가정교육, 사회교육에 걸쳐 있으며, 구체적으로 설명하면 다음과 같다.

(1) 학교에서의 보훈교육

학교에서의 보훈교육은 2015년 개정 교육과정과 교과서와 나라사랑 배움터의 자료 등을 기반으로 초·중·고등학교에서 학교급·학년별 특성에 맞는 보훈교육 자료를 선별하고 재구성하여 실시하고 있다. 구체적으로 학교에서 보훈교육이 이루어지는 실태는 다음과 같다.

첫째, 창의적 체험 활동 시간을 활용하여 보훈교육을 실시하고 있다. 초·중등 공통으로 창의적 체험 활동 시간에 보훈교육을 가장 많이 실시하고 있다. 둘째, 교과별 수업 시간을 활용하여 보훈교육을 실시하고 있다. 초등학교는 주로 사회, 역사 시간, 중·고등학교는 도덕, 역사, 국어, 통합사회 등의 교과에서 교과서 내용에 추가·심화하여 보훈교육을 실시하고 있다. 셋째, 체험학습을 통해서 보훈교육을 실시하고 있다. 체험학습의 실제 사례로는 독립기념관, 전쟁기념관, 현충원 등을 방문하여 보훈교육을 실시하고 있다.

결과적으로 학교에서의 보훈교육은 교과 시간, 창의적 체험 활동 시간 또는 체험학습으로 이루어지고 있으며, 창의적 체험 활동 시간을 활용하여 보훈교육을 가장 많이 실시하고 있다. 앞으로 학교 현장에서 손쉽게 사용할 수 있는 보훈교육 자료를 교과연계형, 창의적 체험 활동형, 체험형으로 구분하여 다양한 보훈교육이 이루어질 수 있는 다양한 프로그램을 개발할 필요가 있다.

(2) 가정에서의 보훈교육

가정교육은 모든 교육의 기초가 되고 인간교육의 기본적인 터전을 마련해 주고 있는 교육이다. 또한 가정교육은 인간을 사회화, 인격의 완성, 인간의 형성, 성격과 정서의 발달을 돕는 터전이라고 할 수 있다.

이러한 가정교육의 일환으로 각 가정에서 보훈교육을 하기 위해 부모가 해야 할 일을 정리하면 다음과 같다.

첫째, 부모가 중심이 되어 자녀들에게 독립운동, 호국 활동, 민주화운동, 평화통일운동 등과 관련된 역사적 사실을 자녀들에게 관련된 이야기들을 들려주는 이야기식 교육을 통해서 보훈교육을 실시해야 한다. 둘째, 부모와 자녀가 함께 역사적 현장을 방문하여 그 현장의 역사적 유래와 사건들을 부모가 자녀들에게 소개하고 그 역사적 의미를 학습한다. 셋째, 부모와 자녀가 지자체에서 실시하는 국경일의 기념식 등의 행사에 참여하여 역사적 의미를 참회하고 역사적 의미들을 회상하고 유공자들의 뜻을 기린다.

(3) 사회에서의 보훈교육

사회교육은 넓은 의미로는 학교교육을 제외한 모든 교육을 의미하고, 좁은 의미로는 학교를 졸업한 사람을 대상으로 하는 성인교육을 의미한다. 김종서는 사회교육을 "학교교육을 제외한 청소년 및 성인에 대한 모든 형태의 조직적인 교육활동"(김종서 외, 1989, 91)이라고 정의하였다.

국가보훈처는 사회교육에서의 보훈교육을 위하여 학교뿐만 아니라 다양한 지방자치단체 및 평생교육기관에 필요한 콘텐츠들을 개발하여 제공하여야 한다. 특히, 사회교육기관, 평생교육원이나 지방자치단체 등의 강의, 행사에서 학부모, 일반인 등을 대상으로 하여 보훈교육 관련 강의를 개설하여 교육을 받은 사람들을 통하여 자녀나 주변 사람들에게 재교육을 시킬 수 있는 발판을 마련할 필요가 있다. 보훈교육이 주로 이루어지는 창의적 체험 활동 시간에 보훈교육을 체계적으로 교육할 수 있는 '보훈교육 전담 강사 풀(pool)'를 조직하여 활용하는 것도 좋은 방법이 될 수 있다. 우리 주변의 독립운동가 후손, 참전 유공자 등 다양한 인력풀을 구성해서 보훈교육의 호응도를 높여야 한다.

4. 나가는 말

지금까지 제4차 산업혁명시대 미래교육을 위한 보훈교육 모형을 탐구하기 위하여, 먼저 이론적 배경을 제4차 산업혁명과 미래교육, 제4차 산업혁명시대의 교육과정으로 더 나은 미래, 모두를 위한 교육, 제4차 산업혁명시대 미래교육의 변화와 방향으로 나누어 분석하였다. 다음으로 제4차 산업혁명시대 보훈교육의 모형을 보훈교육의 개념, 보훈교육의 이념, 목적과 목표, 보훈교육의 내용, 보훈교육의 방법, 보훈교육의 장으로 나누어 분석하였다. 이상의 고찰과 분석을 통하여 제4차 산업혁명시대 보훈교육의 방향을 제시하면 다음과 같다.

첫째, 제4차 산업혁명시대의 보훈교육은 미래사회의 다양한 변화를 수용하는 교육으로 발전해야 한다. 그동안의 보훈교육은 일제로부터의 독립운동, 국가를 수호하거나 대한민국의 자유민주주의 발전, 국민의 생명 또는 재산의 보호 등을 수행한 사람들의 공훈에 보답하는 내용이 주된 것이었다. 제4차 산업혁명시대의 보훈교육은 과거의 역사에 너무 치우치지 말고, 21세기 미래를 지향하는 교육으로 발전되어야 한다.

둘째, 제4차 산업혁명시대 미래의 보훈교육은 제4차 산업혁명의 기술을 활용하는 교육으로 나아가야 한다. 보훈교육이 과거의 역사적 사건에 대한 지식을 전달하는 학습이 아니라, 학습자가 스스로 제4차 산업혁명시대의 기술을 활용하는 주체적인 학습방법으로 변화되어야 한다.

셋째, 제4차 산업혁명시대 미래의 보훈교육은 평화와 통일을 지향하는 교육으로 변화되어야 한다. 과거의 보훈교육은 애국선열의 자주독립 정신을 기억하고 계승하는 하는 교육을 실시하였고, 현재는 지역·세대·계층을 아우르는 국민 화합 정신을 교육 내용으로 하였지만, 미래에는 평화와 통일의 대한민국으로 나아가는 미래 비전과 희망을 주는 교육으로 자리매김해야 한다.

넷째, 제4차 산업혁명시대 보훈교육원의 체제와 구조를 개선해야 한다. 현재의 보훈교육원이 한국보훈복지의료공단 산하기관으로 되어 있다. 이 보훈교육원이 국가보훈처의 직속기관으로 개편함으로써 교육적인 기능이 활성화되도록 해야 한다.

다섯째, 제4차 산업혁명시대의 보훈교육원이 보훈교육을 주도하는 중요한 기관으로 발전되어야 한다. 보훈교육의 구성을 보면, 교육을 담당하는 부서보다는 국가 보훈 업무를 중심으로 연구하는 연구의 기능을 주로 수행하는 것처럼 보인다. 이제 보훈교육원이 보훈교육을 위한 다양한 프로그램을 개발하여 적극적으로 보훈교육에 나설 수 있도록 해야 한다.

알파세대를 위한
미래 보훈교육 탐구

김 동 심_ 한신대학교 교육대학원 부교수

1. 들어가는 글

빠르게 변화하고 있는 기술과 COVID-19 전염병 확산은 사회 전반의 많은 변화를 가지고 왔다. 특히 교육 분야에서 그동안 사교육 중심으로 이루어지던 온라인교육이 공교육에도 도입되었으며, VR, AR과 같은 기술의 교육 접목, AI 융합교육과 같은 교육 방법의 변화가 빠르게 이루어지고 있다. 그러나 이러한 변화는 갑작스럽게 진행된 것은 아니다. 그동안 우리가 미래교육의 모습으로 제시하였던 학습자 맞춤형 교육이나 개별화 교육, 몰입감, 현장감 있는 교육 등을 제공하기 위해서 필요로 했던 온라인교육과 에듀테크 등이 오히려 COVID-19로 인해 교육현장의 변화를 빠르게 만들어 낼 수 있는 기회가 되었다. 실제로 미래교육을 위한 기본 인프라 중 하나인 무선통신망의 경우, COVID-19 전까지 전체 학교의 20% 정도만이 구축되어 있었으나, 오프라인

교육의 대체수단으로 온라인교육을 보편화하기 위해 현재는 거의 모든 학교에 설치되었다(교육부, 2021). 이와 관련된 기기 보급도 마찬가지이다. 2022학년도부터 서울시를 비롯한 많은 시도에서는 학생 1인당 노트북, 태블릿과 같은 스마트 기기를 1대씩 개별적으로 제공함에 따라 다양한 스마트교육이 가능해졌다. 또 VR, AR 등의 첨단 기술을 접목하기 위한 예산이 투입되고 있다. 즉, 미래교육을 위한 기술적인 인프라가 안정적으로 구축됨에 따라 이제 미래교육의 실천을 위한 다양한 교육 내용 전달을 위한 콘텐츠 개발 및 보급에 초점을 맞추는 등의 내실화를 갖추어야 하는 시점이다.

이러한 시점의 보훈교육도 역시 미래교육의 실행을 위한 변화가 진행되어야 하며, 특히 기존과 다른 변화된 학습 대상자인 알파세대의 특성을 고려하여 변화하여야 한다. MZ세대가 아닌 알파세대의 학생들은 항일독립투쟁에 헌신한 분들과 자유 수호에 앞장선 선열들의 숭고한 희생 등에 대해 단순히 지나간 과거의 사건으로 인식하고 있으며(차우규 외, 2020), 국가가 위기일 때, 힘을 보태야한다는 인식이 86세대(만 51-59세) 83.3% → X세대(만 40-50세) 79.3% → 밀레니얼(만 25-39세) 62.3% → Z세대(만 15-24세) 63.7%로 세대가 진전될수록 낮아지고(대학내일20대연구소,

2020), 전쟁 발생 시 지원 의향이 연령이 낮아질수록 감소되는 추세(국가보훈처, 2017)이다. 즉, 기성세대보다는 다른 차원, 다른 수준의 애국심을 가진 이들을 위하여 보훈교육 접근 방법의 변화를 모색할 때이다. 김병조(2020)도 MZ세대의 관심과 참여를 이끌어내기 위한 보훈문화 전파를 위해서는 느슨한 연대, 다양성, 사회참여 등의 특성을 고려해야 한다고 주장한 것처럼, 보훈교육의 측면에서도 태어나면서부터 접해 온 디지털 환경에 익숙한 기술친화적인 디지털 네이티브의 청소년들을 대상으로 한 보훈의식 함양이라는 보훈교육의 성과를 거두기 위해서 이들이 흥미로워 할 수 있는 방식과 내용의 교육이 제공해야 한다.

사실 교육의 주제 차원에서 보훈교육은 활용 가능성이 많다. 청소년에게 독립과 국가수호, 그리고 민주화와 사회를 위해 공헌하고 희생한 국가유공자의 숭고한 정신을 기리고, 역사의식 형성을 조력하며 나아가 국민통합의 밑거름을 제공하는 교육(서운석, 2012)으로, 독립, 호국, 민주와 같은 내용(차우규 외, 2020)을 다루기 때문에 범교과 학습주제(안전·건강교육, 인성교육, 진로교육, 민주시민교육, 인권교육, 다문화 교육, 통일교육, 독도교육, 경제·금융교육, 환경·지속가능발전교육)와의 연계가 가능하다. 또한 다양한 교과들과 연계된 융합교육 혹은 창의적 체험활동, 계기교육 등과 함께하는 접근이 가능하다.

따라서 보훈교육의 의미와 내용을 바탕으로 미래교육에서 학습자 친화적으로 접근하기 위한 방향을 제시하기 위해 현재 수준을 점검하고 앞으로의 발전 방향을 논의하고자 한다. 구체적으로 대상자인 학습자 즉 청소년의 보훈 인식을 확인하고, 현재 이루어지고 있는 보훈교육을 점검해 보고자 한다.

2. 청소년 보훈교육의 현황

1) 보훈교육의 현황

보훈교육은 다음 〈표 1〉과 같이 2005년 제정된 「국가보훈기본법」의 제23조(공훈선양사업의 추진)의 1항3에 따라 나라사랑정신 함양교육으로 새롭게 출발하였다. 그에 앞서 국가보훈처에서 처음 보훈교육 과정을 개설하였지만 단지 희생과 공훈자료에 한정된 교육이었다. 그러다가 나라사랑정신 함양교육이 본격화되면서 교육의 대상, 연구의 범위, 그리고 부처의 지원 체계가 확장되었다. 나라사랑교육의 초기단계에서는 단지 보훈 관련 대상자들에 한정된 교육이었다면, 교육이 정착단계에 들어서면서는 학교 내 교육과정에서의 나라사랑정신 함양교육이 교과, 창의적 체험활동, 계기교육 등으로 이루어지면서 청소년들에게 다가설 수 있게 되었다(유영옥, 2015).

<표 1> 보훈교육의 근거

제23조(공훈선양사업의 추진) ① 국가와 지방자치단체는 희생·공헌자의 공훈과 나라사랑정신을 선양하기 위하여 다음 각 호의 사업을 추진하여야 한다. 〈개정 2013. 5. 22.〉
1. 추모사업 및 기념사업
2. 희생·공헌자의 공훈과 나라사랑정신을 선양하기 위한 시설(이하 "공훈선양시설"이라 한다)의 설치·관리
3. 국민의 나라사랑정신 함양교육
3의2. 희생·공헌자의 발굴
4. 국가보훈대상자에 대한 위로 및 격려
5. 그 밖에 희생·공헌자의 공훈과 나라사랑정신을 기리는 사업

이러한 보훈교육은 전 국민을 대상으로 실시되고 있지만, 우리가 다루고자하는 교육의 대상인 알파세대를 고려한다면, 심옥주(2014)는 다음 〈그림 1〉과 같은 체계로 접근해야 함을 강조하였다. 국가기관 차원에서의 연구와 지원을 바탕으로 실제 학교 현장에서는 교과학습적 측면과 창의적 체험학습으로 학생들에게 교육을 제공해야 함을 의미한다. 따라서 현재 이루어지는 나라사랑교육을 국가기관 차원의 교육과 지원의 측면과, 학교에서

이루어지고 있는 현장의 사례들을 확인해 보고자 한다.

〈그림 1〉 나라사랑교육 흐름도: 초등학교를 중심으로

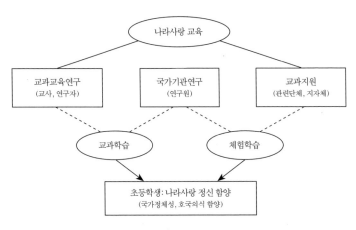

출처: 심옥주(2014), p. 69

먼저, 국가기관 차원의 접근으로 보훈교육연구원이 학교교육과 관련해 제공하는 교육 내용을 살펴보면 다음 〈표 2〉와 같다. 크게 학생 대상 프로그램과 교사대상 프로그램으로 운영되며, 다양한 교육적 접근이 가능하게 비대면, 대면의 교육방법을 통해 제공되고 있다. 주요 교육내용을 살펴보면 보훈교육에서 강조되는 용어가 체험임을 확인할 수 있다. 실제로 과거에 이루어진 독립, 호국, 민주의 경험들을 바탕으로 이해한 보훈의식을 바탕으로 앞으로의 시대에 살아감에 적용할 수 있도록 하는 것이 교육의 주요 목적이기 때문에 인간의 기억과정에 강한 영향을 미치고, 기존의 기억에 새로운 것을 통합하여 경험을 재구성하는 체험(임경남, 나태종, 2016)이야말로 보훈교육이 적절한 교육방법이기 때문이다.

〈표 2〉 보훈교육 현황

프로그램	목적	참가대상	교육 내용	비고
부모님과 떠나는 보훈여행	가족과 함께 현충시설 및 관련 사적지를 체험하며 보훈정신을 함양하는 기회 마련	초·중·고등 학생과 부모님(개인)	비대면: 독립·호국·민주 실시간 온라인 강의 및 개별 역사현장 체험학습	
			대면: 참여·체험형 프로그램(보훈 스튜디오·공예·선거교실 등) 및 보훈 역사현장학습	
1일 씽씽 보훈 체험	청소년이 보훈의 중요성을 깨닫고, 흥미를 가질 수 있는 기회 제공	초·중·고등 학생(단체)	비대면: 독립·호국·민주 실시간 온라인 강의	
			대면: 보훈 현충시설 탐방 및 체험 프로그램	
교사, 보훈을 만나다	청소년 교육의 주역인 교사들의 보훈의식 고취 및 학교 현장의 보훈문화교육 활성화	전국 유·초·중등 교원 (교장/교감/교사)	비대면: 보훈역사 및 참여·체험형 교수법 실시간 온라인 강의	COVID-19에 따른 비대면 운영
			대면: 보훈역사 및 참여·체험형 교수법/보훈 역사현장학습	
선생님과 함께 하는 보훈 이야기	과거에서 현재까지의 대한민국 역사와 보훈 등에 대한 정보를 제공하고, 실제 학교 현장에서 활용할 수 있는 학습 자료와 교육 사례 제시	전국 교원 및 교육전문직	비대면: 독립, 호국, 민주화	티처빌을 통해 제공

〈그림 2〉 '태극기와 함께한 대한민국' 체험(색칠&가상현실)

출처: https://edu.mpva.go.kr/data/contest/detail.do?bsrlNo=175192

〈그림 3〉 '우리가 알아야 할 보훈기념일' 교안(PPT)

출처: https://edu.mpva.go.kr/data/book/list.do

직접적 교육 제공 외에도 교육지원을 위해 국가보훈처에서 운영하는 나라사랑배움터(https://edu.mpva.go.kr)에는 카드뉴스, 애니메이션, 영상, 웹툰, 노래 자료와 교사용 참고자료가 제공되고 있다(〈그림 2〉, 〈그림 3〉 참고). 교사용 참고자료에는 보훈 인프라 연계활동 프로그램이나 SW융합형 교수학습과정안 등이 다양한 교육환경에 적용할 수 있도록 마련되어 있다.

학교교육에서의 보훈교육은 보훈교육이라는 명칭보다는 주로 사회과 교과 안에 포함되어 혹은 초·중등 교육과정에서 실시하는 교과과정 이외의 활동으로, 자율활동·동아리활동·봉사활동·진로활동의 4개 영역으로 구성된 창의적 체험활동이나 학교교육과정에 제시되지 않은 특정 주제에 대해 이루어지는 교육인 계기교육차원에서 이루어진다. 나라사랑 교수학습 프로그램 경진대회나 2018년에 진행된 SW융합형 보훈학습지도안 경진대회에 참여한 교사들의 보훈교육 내용을 살펴보면, 학습자가 관심과 흥미를 가질 주제들과 방법으로 접근하고 있었다. 실제 홍지연, 김영식(2018)은 SW융합형 호국보훈교육의 결과로 학생들의 나라사랑의 마음이 커짐의 긍정적 효과를 확인하였다.

<표 3> SW융합형 보훈 학습지도안 경진대회 수상 내역

학교	주제 및 제목	학교	주제 및 제목
경남 거제 진목초등학교	SW융합 주.사.위 프로젝트로 호국, 보훈정신 플러그-인 하기	전북 익산 이리 팔봉초등학교	팔.레.트 프로젝트로 나라사랑 꿈 키우기(모듈형 SW교육융합 보훈교육)
전남 장성중앙초등학교	우리는 독립운동가 탐험대(독립운동가 애국정신을 본받기 위한 SW융합교육)	대구 화남초등학교	역사로봇 연극으로 나라사랑 마음 기르기(독립운동가를 주제로 로봇연극 프로그래밍을 통해 독립운동 이해하기)
강원 원주 태장초등학교	광복! 중요한 선택 (대한 독립투사의 일생과 함께하는 SW융합교육)	대구 현풍초등학교	호국보훈 정신함양 SW코딩교육 (우리지역 보훈 인물을 중심으로 한 SW코딩융합 교육프로젝트)
인천 산곡초등학교	논리적 알고리즘 설계를 통한 독립 운동의 이해	경기 화성 한울초등학교	코딩으로 풀어보는 우리고장 독립운동의 발자취(햄스터 로봇과 함께 떠나는 우리 고장 독립운동 여행)
강원도 철원 내대초등학교	로봇 '보훈이'와 함께하는 독립운동 대모험(독립을 위한 우리나라의 민족정신을 배우는 SW융합교육)	포항제철초등학교	만들며 배우고 실천하는 알쏭달쏭 국경일 SW
경기 한터초등학교	Her Story, 그녀의 삶 속으로 들어가다!(〈유관순의태극기〉를 읽고, 나라를 지키기 위한 역사적 장면을 로봇을 활용한 시뮬레이션 프로그램)	강원 태백 철암초등학교	SW교육을 활용한 민주화 운동 이해하기(엔트리와 함께 떠나는 민주화운동 여행)
강원 증산초등학교	로 스 트 메 모 리 즈 (Lostmemories) : 잃어버린 역사를 찾아서(뒤바뀐 역사를 바로잡고, 독립에 힘쓰신 분들의 숭고한 희생 바로알기)	경북 구미 형곡초등학교	로봇 수비대 독도를 지켜라!(로봇활용 SW교육으로 독도 수호 미션해결하기)
		경기 부천 서초등학교	로드뷰(RoadView) 중심에서 독립을 외치다.('이달의독립운동가'로 학습하는 자주독립 PBL기반 엔트리 코딩교육)

2) 청소년의 보훈 인식

국가보훈처는 2021년 보훈처 창설 60주년 및 호국보훈의 달을 맞아, 일반국민의 보훈인식을 조사하였다(국가보훈처, 2021). 보훈에 대한 이미지는 응답자의 83.5%는 필요한 것, 76.7%는 긍정적으로 인식하였으며, 사회 전반의 보훈의식이 '낮다'는 의견이 32.2%로 우려하는 것과 함께, 보훈의식을 높이기 위해서는 보훈·유공자 단체(75.0%)와 학교·교육기관(71.1%)의 역할이 중요함을 확인할 수 있었다. 그러나 이 결과는 만 18세 이상의 일반 성인을 대상으로 한 것으로, 결국 주요한 보훈교육의 대상자인 청소년의 인식을 대변할 수 없다. 따라서 최근 올바른 역사인식과 국가관, 안보관, 민족적 자긍심 등을 함양시키기 위한 학교 및 사회에서의 보훈교육이 미흡한 상황에서 청소년의 보훈 인식을 알아보는 것이 중요하다. 교육 제공에서 수요자인 학습자의 분석은 기본적으로 진행되어야 할 사항이다.

보훈 인식을 확인하기 위해 국가적 차원에서 이루어지는 나라사랑의식 지수 조사는 2004년부터 매년 실시되어 온 보훈의식 조사를 개선하여 2013년부터 2017년 사이에 이루어졌다. 2013-2017년 진행된 조사는 2022년부터는 3년 단위로 보훈문화의식

실태조사로 이루어질 예정이다. 나라사랑의식 지수 조사는 만 15세 이상을 대상으로 하기 때문에 청소년의 나라사랑의식과 그 변화를 확인할 수 있다. 나라사랑의식 지수는 국민 정체성 및 자부심과 국민의무이행 및 위기극복 참여 의향을 바탕으로 만들어졌으며, 2013-2017년 사이의 청소년의 변화를 살펴보면 다음 〈그림 4〉와 같다. 그 결과, 전 국민 평균치보다 낮은 수준의 나라사랑의식을 가지고 있으며, 2017년도에는 상승하였지만 시간의 흐름에 따라 점차 낮아지는 추세를 보이고 있었다. 즉, 청소년을 위한 보훈교육 나라사랑교육의 필요성을 확인할 수 있다.

가장 최근 조사된 2017년 나라사랑의식의 구체적인 내용을 다음 〈표 4〉와 〈그림 5〉에서 살펴보면, 참정권 행사에 대해 가장 높게 동의하였으며, 그 뒤로 국가유공자 존경, 법질서 준수 순으로 전개되고 가장 낮은 것이 태극기 게양이었다. 전쟁 시 지원의향과 국가위기 시 극복 참여 의향이 전체 평균과 가장 큰 차이를 보이고 있으며, 국가유공자 존경과 사회부조리 및 부정부패 배격은 전체 평균보다 높아 청소년의 나랑사랑의식의 특징을 확인할 수 있었다. 즉 나라사랑의식이 위기나 전쟁 같은 희생적 상황에서의 적극적 참여보다는 최근 청년의 주요한 관심사인 공정과 더불어 사회 부조리나 부정부패 배격과 같은, 일상에서의 나라사랑의 가치를 보이고자 하는 특성이 드러난 결과로 사료된다.

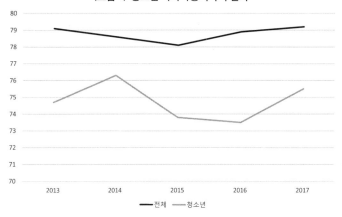

〈그림 4〉 청소년 나라사랑의식의 변화

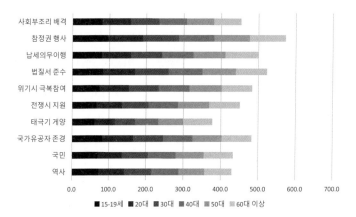

〈그림 5〉 청소년 나라사랑의식의 분석

<표 4> 청소년 나라사랑의식의 분석

구분	15-19세	20대	30대	40대	50대	60대 이상	전체	차이
역사에 대한 자부심	71.7	70.5	72.2	73.9	68.3	73.4	71.8	-0.1
국민으로서의 자긍심	69.9	66.4	69.7	74.4	74.7	78.2	73.1	-3.2
국가유공자 존경	82.7	83.3	80.1	78.7	77.5	80.3	80.1	2.6
태극기 게양	60.7	55.5	55.0	61.8	66.9	77.8	64.4	-3.7
전쟁시 지원 의향	65.8	70.4	70.3	79.0	83.4	81.9	76.9	-11.1
국가위기시 극복참여 의향	74.4	79.3	79.7	82.6	85.8	81.9	81.5	-7.1
법질서 준수	82.4	87.1	90.3	90.5	89.0	83.8	87.6	-5.2
납세의무이행	79.5	78.8	83.6	83.7	85.3	89.4	84.3	-4.8
참정권 행사	95.8	94.2	96.3	94.8	94.8	96.2	95.3	0.5
사회부조리및부정부패배격	80.2	76.8	77.0	73.7	72.7	72.7	74.7	5.5

또한 우리나라 청소년의 나라사랑의식을 타 국가와 비교하여 상대적 수준을 확인하고자 서운석(2014)은 한국, 미국, 일본, 중국의 청소년(중학교, 고등학교, 대학교) 2,477명의 나랑사랑의식을 비교하였다. 우리나라 청소년은 전반적으로 나랑사랑의식이 4개국 평균보다 높은 편으로 나타났다. 특히 전쟁 시 지원 의향의 경우 미국, 일본에 비해 높은 수준이었으며, 역사 이해, 국가 위기 시 극복 참여 의향이 낮은 것으로 확인되었다. 특히 이 연구에서는 나라사랑의식에 영향을 미치는 성별, 학령별 특성을 분석하였는데 우리나라는 성별의 차이가 유의미하지 않았으며, 학령에 따른 차이가 유의미하여 중학생이 가장 높은 나라사랑의식을

가지고 있었다. 저자는 이러한 결과를 바탕으로 교육을 기반으로 하는 나라사랑의식 함양 기회를 강조하고 있다.

<표 5> 청소년 나라사랑의식의 분석

구분	한국	미국	일본	중국	전체	차이
국민적 의무 실천 의지	3.55	3.33	3.10	4.18	3.54	.01
애국자 존경	4.27	4.46	3.45	4.54	4.17	.10
역사 이해	3.65	3.60	3.40	4.00	3.66	-.01
역사 자긍심	3.78	3.51	3.25	3.94	3.61	.17
전쟁시 지원 의향	3.28	2.76	2.28	3.91	3.05	.23
국가위기시 극복참여 의향	3.67	3.66	3.17	4.25	3.68	-.01
나라사랑의식	3.60	3.55	3.12	4.11	3.59	.01

3) 보훈교육 발전방향

앞에서 보훈교육 대상자인 청소년의 보훈 인식과 보훈교육의 현황을 살펴보았다. 이러한 결과를 바탕으로 보훈교육이 앞으로 더욱 발전하기 위해서는 학습자의 특성이 고려되어야 함을 확인할 수 있었다. 앞서서 김성영(2010)은 청소년의 발달단계상의 특징을 ① 이성적이기보다는 감성적 성향, ② 논리적 일관성 설명과 이해보다는 즉흥적, 단편성, 감동과 공감을 선호, ③ 일원적, 중앙집권적 권위보다는 다원적, 분산적 권위를 선호하면서 독립성과 자율성에 가치를 부여, ④ 거대담론보다는 생활주변의 작은 것에 대한 관심, ⑤ 수동적 지식 전수보다는 능동적 지식 탐구를 선호하는 것으로 설명하였다. 이런 특징과 보훈교육과의 관계를 이성보다는 감성, 생활주변의 미시적이고 개인적 문제에 대한 커다란 관심을 고려하여 보훈교육이 제공되어야 함을 강조하고 있다.

이 외에도 현재의 2030세대를 MZ세대라 부르며 기성세대와는 다른 이들의 특성에 맞추어 사회제도나 정책적 접근 등을 추진하는 것처럼, 보훈교육도 이들의 특성을 고려하여 제공하려 한다(김병조, 2021). 그러나 MZ세대는 1980년대 초반부터 1990년 초반에 걸쳐 태어난 밀레니얼세대(M세대)와 1990년대 중반부터 2000년대 초반 사이에 태어난 Z세대를 지칭한다. 현재 학교교육에 참여하는 청소년들은 '알파세대'로 이들의 특성은 MZ세대와는 또 다르다. 밀레니얼 세대를 부모로 둔 이들 알파세대는 저성장시대에 태어나 COVID-19와 같은 사회 대변화 시대에 적응하며 살아가는 세대이다. 이들의 특성을 고려한 교육을 제공하기 위해 우리는 이들과 이들이 살아갈 세상을 이해해야 한다. 이들에게 보훈의식을 심어주고, 실천할 수 있는 능력을 길러주는 방안을 다음과 같이 제안한다.

(1) 보훈의식 및 보훈역량 강화 체계 구축

보훈교육이 효과적으로 이루어지기 위해서는 무엇을 교육하고자 하는지가 명확해야 한다. 보훈교육의 목적은 보훈의식 함양이다. 보훈은 국가공동체를 위해 희생하거나 공헌한 개인에 대하여 그 국가와 사회구성원이 예우로 보답하는 책무를 이행하는 것이다. 따라서 보훈의식은 수많은 호국인사들의 숭고한 조국 사랑 실천을 기리고, 이들을 존경하는 것이라고 정의할 수 있다(정헌영, 2004). 이러한 보훈 개념은 나라사랑 개념과 혼재되어 사용되고 있는데, 나라사랑 인식은 역사에 대한 자부심, 국민으로서의 자긍심, 국가유공자 존경, 태극기 계양, 전쟁 시 지원 의향, 국가위기 시 극복참여 의향, 법질서 준수, 납세의무이행, 참정권 행사, 사회부조리 및 부정부패 배격을 하위의 요소로 하는 광범위한 것으로, 단순히 보훈의식만을 지칭하지 않는다. 나라사랑교육은 국가유공자의 공훈을 선양함으로써 이들의 명예를 존중하고 나라를 위한 헌신과 희생이 존경의 대상이 되도록 하여 영예로운 국민정신을 함양하고 애국심을 한층 고취하는 데 그 목적이 있다. 나라사랑의 개념이 분명하고, 이를 측정할 수 있는 발판이 마련되어 있는 것과 달리 보훈교육은 그 의미가 광범위한 관계로 무엇이 증진되었는지 확인할 수 있는 체계가 마련되어 있지 않다. 따라서 우선 우리가 보훈교육으로서 무엇을 함양하고자 하는지 개념을 명확하게 정립할 필요가 있다. 다음으로 우리가 무엇을 가르치고자 하는지 체계를 세워 실제 청소년 수준의 보훈 역량을 정의해야 한다. 이를 통해 앞으로 청소년들에게 무엇을 더 길러 나가야 하는지 명확하게 하고, 이에 따른 교육의 성과를 점검하며, 청소년의 부족한 보훈 역량을 증진시킬 수 있는 기회를 제공할 수 있을 것이다.

(2) 학생 맞춤형 교육자원 지원

보훈교육이 잘 이루어지기 위해서는 국가 차원의 학생 맞춤형 교육자원 지원이 필요하다. 현재 보훈교육에서의 교육자원은 주로 나라사랑배움터에서 제공된다. 그러나 실제로 확인되는 교육자원은 주로 강의식 교육에서 활용 가능한 그림, 동영상 등으로, 이보다는 현재 학습자에게 적합한 체험형 교육자원을 원활하게 제공해야 한다.

〈그림 6〉은 문화재청에서 학교에 보급하기 위한 교육자원의 사례들로 실감형 VR의 다양한 콘텐츠와 특히 학생들이 감각적으로 체험하여 학습할 수 있는 교육상자를 제공하고 있다. 이러한 체험 기반의 교육은 학습자의 흥미를 유발하고, 장기기억하게

함으로서 교육적 효과가 뛰어나다. 예를 들어 유해 발굴 경험을
할 수 있는 체험 키트와 연계된 교육을 제공한다면 6.25전쟁에
대한 올바른 역사인식을 바탕으로 보훈의식을 증진할 수 있다.

<그림 6> 문화재청의 학교보급 교육자원 사례

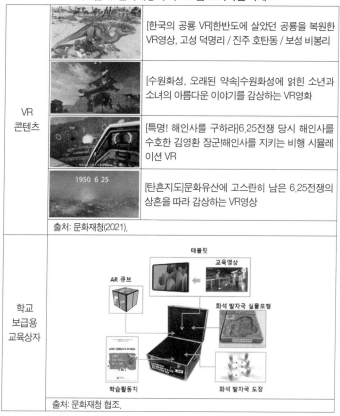

VR 콘텐츠		[한국의 공룡 VR]한반도에 살았던 공룡을 복원한 VR영상, 고성 덕명리 / 진주 호탄동 / 보성 비봉리
		[수원화성, 오래된 약속]수원화성에 얽힌 소년과 소녀의 아름다운 이야기를 감상하는 VR영화
		[특명! 해인사를 구하라]6.25전쟁 당시 해인사를 수호한 김영환 장군!해인사를 지키는 비행 시뮬레이션 VR
		[탄흔지도]문화유산에 고스란히 남은 6.25전쟁의 상흔을 따라 감상하는 VR영상

출처: 문화재청(2021).

학교
보급용
교육상자

태블릿
교육영상
AR 큐브
화석 발자국 실물모형
학습활동지
화석 발자국 도장

출처: 문화재청 협조.

보훈교육에서 활용 가능한 역사적 사례들은 빠르게 발달하고 있는 기술을 바탕으로 학생들에게 실제에 가까운 간접경험을 제공할 수 있다. 메타버스 플랫폼들은 자신의 캐릭터를 가지고 각 상황에 몰입할 수 있게 하며, 학생들이 실제 역사적 상황에서의 경험, 선택 등을 통해 게임 기반의 교육을 받을 수 있다. 예를 들어 일제강점기의 독립투사가 되어, 실제 독립운동을 경험하고, 일본의 회유, 탄압 등을 경험해 봄으로써 독립운동의 어려움과 그들의 위대함에 대해 스스로 인식할 수 있는 기회를 줄 수 있다.

(3) 교사의 다양한 수업활동 지원

학교교육 안에서 보훈교육이 자연스럽게 이루어질 수 있기 위해서는 교사들이 보훈교육과 관련하여 수업을 연계할 수 있는 기회를 제공해야 한다. 기존에 나라사랑 교수학습 프로그램 경진대회나 SW융합형 보훈학습지도안 경진대회와 같이 다양한 교과와 융합하여 보훈교육을 고민할 수 있는 기회를 제공해야 한다. 또한 현재 일방향 원격교육을 통해 제공하고 있는 교원연수도 니즈분석을 통해 좀더 다양한 주제, 다양한 교육방법으로 접근하여 교육의 성과를 높일 수 있는 방안을 모색할 수 있도록 지원해야 한다.

청소년기에 올바르게 수립된 보훈의식을 바탕으로 이 나라의 국민으로서 나라사랑을 실천할 수 있도록 지원하기 위한 보훈교육은 MZ세대, 그 뒤를 잇는 알파세대 특성을 고려하여 교육적 접근이 이루어져야 할 것이다. 교육을 제공받는 학습자의 특성을 고려하지 않는다면, 교육의 성과가 나타날 수 없다. 또한 알파세대의 보훈의식은 기성세대와의 차별성이 있고, 사회가 빠르게 변화하는 데 따라 앞으로 국가 차원의 통합 방안으로 보훈교육의 필요성이 더욱 강조될 것이다. 강조되는 필요성만큼 보훈교육이 목적을 이룰 수 있도록 보훈교육 지원 체계가 마련된다면 우리나라는 청소년의 든든해진 보훈의식을 바탕으로 국가통합 및 성장을 기대할 수 있을 것이다.

통일교육과
보훈교육의 조화

채 경 희 _ 총신대학교 평화통일개발대학원 부교수

1. 들어가는 글

21세기, 대한민국은 세계에 드높아진 위상을 배경으로 국가적, 민족적 자긍심을 가지고 풍요로운 일상을 살아가고 있으나 북한의 도발로부터 자유로운 국민은 없다. 과거에도 그랬지만 북한의 위협은 우리의 현재와 미래의 안전과 직결되어 있기 때문이다. 이로부터 '북한을 부드럽게 다루어야 한다'는 시각과 '북한을 강하게 다루어야 한다'는 시각이 대립해 우리 사회의 심각한 갈등을 야기하고 있다. 2000년 이후 정부의 대북정책은 크게 둘로 나뉜다. 김대중·노무현 정부의 포용정책과 이명박·박근혜 정부의 압박정책이 그것이다. 2017년 집권한 문재인 정부는 압박정책을 부정하고 대북 포용정책을 계승했다면, 2022년의 윤석열 정부는 포용정책을 부정하고 대북 압박정책을 계승할 것으로 예측된다.

북한은 공식 사회와 비공식 사회로 구분되어 있다. 다시 말해 1차 사회와 2차 사회로 분리되어 있다. 당국의 공식적인 주장이나 선전이 주로 1차 사회의 모습이라면, 주민의 현실적인 삶은 2차 사회의 모습이다. 이상과 현실, 이론과 실천, 말과 행동 사이의 괴리가 큰 것이 사회주의 국가들의 보편적인 모습이라고 하지만 1인 독재체제의 북한은 자유민주주의를 채택한 국민들이 이해하기 어려울 정도로 그 괴리가 크다. TV와 라디오 방송체계는 이중 구조, 대외용과 대내용으로 분리해 운영한다. 대외적인 북한의 공식 매체는 주민의 실질적인 삶을 다룬 적이 없다. 공식적인 주장대로라면 북한 사회는 인민이 하나의 대가정을 이루고 반목과 질시가 없이 화목하게 사니 사건과 사고가 전혀 일어나지 않는 사회주의 이상 국가이다. 우리 사회에서 북한을 보는 시각이 둘로 나누어진 것은 북한의 이러한 이중적인 구조에서 비롯된다. 1차 사회에 더 비중을 두는 이들과 2차 사회에 비중을 두는 이들이 격돌하기 때문이다.

북한 관련 통일교육이 현재에도 정치교육의 일환으로 실시되고 있는 것이 우리의 현실이다. 그것은 역대 정부의 대북정책과 맥을 같이 하는 통일정책이 그 정부의 명확한 성격을 드러내기 때문이다. 1990년을 전후하여 국제적으로는 탈냉전시대가 도래하였다고 하지만 한반도에서 탈냉전은 요원하다. 20세기에는 미-소 양극체제의 영향을 받는 남-북 대립이었다면, 21세기는 미-중 갈등이 증폭된 속에서 남-북 대립이 강화되는 방향으로 그 양상이 바뀌었다고 할 수 있다.

2000년대 대북정책은 상부구조와 하부구조를 분리하는, 다시 말해 제도나 정치적 분야와 분리된 경제적·기술적 교류를 강화하는 기능주의적 접근을 근간으로 하였다. 과학과 기술, 군사와 경제 분야에서 소련 의존도가 높았던 북한은 소련의 붕괴와 김일성의 사망을 기점으로 수습할 수 없는 위기에 처한다. 그러나 중국이 과거의 소련과 같은 '대부'로서의 역할을 대신하는 대안이 되지 못하던 시기에 대한민국의 인도적 지원과 경협, 기술교류 제안은 매우 반가운 일이었다. 분단 이후 남북한은 처음으로 밀월과 같은 달콤한 시간을 보내게 된 것이다.

그러나 이도 잠시, 남북교류는 북한 사회에 '부작용'을 가져왔다. '남조선을 동경'하여 한류 열풍이 불어 닥치고 탈북민 대열이 기하급수적으로 증가하였다. 미국인이나 중국인 100명보다 같은 언어를 사용하는 한민족인 대한민국 국민 1명이 북한 사회에 미치는 영향은 실로 대단한 것이었다. 경제, 기술적 지원이 단순한 기능을 넘어 체제에 위협이 될 정도로 영향력이 있다는 것을 확인한 북한 당국은 서둘러 남북교류를 막을 여러 구실을 모색하게 된다. 잘 알려진 금강산관광 박왕자 사망 사건은 북한의 일개 군인이 충성심을 과시하고자 총을 쏜 것으로 묘사되어 있으나 말 한마디도 자유롭게 할 수 없는 북한에서 병사나 그 지휘관의 결심으로 총을 쏘았다는 것은 있을 수 없는 일이다. 이를 빌미로 5.24조치가 발효되었고, 기다렸다는 듯이 남북교류의 중단 책임이 우리 정부에 있다고 발표한 것과 같은 행위는 대남 전략의 두뇌 역할을 수행하는 통전부의 전형적인 수법이다.

체제 유지가 곧 국가의 생존전략이 되어 수세적 도발을 지속하는 북한, 대한민국과의 인적·물적 왕래가 체제 붕괴로 이어질 수 있다는 판단 아래 남북의 교류를 완전하게 차단하고 싶어 하는 북한을 '민족공동체'로 수용하고자 하는 일련의 노력들이 무용지물이 되면서 북한에 대해 점점 지쳐가고 있는 것이 우리의 현 주소이다.

2020년 12월 북한은 '반동사상문화배격법'을 내놓았다. 남조선으로부터 침입된 돈과 자유 숭배 사상, 반동사상으로부터 청년들을 지켜내야 한다는 것인데, 결국은 수령을 절대적으로 숭배하도록 청년들을 개조하는 내용이다. 구체적으로 반동사상은 반동문화를 통해 침투되기에 이를 배격하기 위해 남조선 드라마 1

편을 보게 되면 교화소(교도소) 1년형에 처하며, 10편을 보면 총살형에 처한다는 무서운 법을 만든 것이다. 이는 남북교류가 북한 청년에게 미치는 영향을 두려워하며, 앞으로 2000년대와 같은 남북교류는 다시없을 것이라고 선언한 것에 다름 아니다.

올해(2022) 5월 초부터 북한 내에서 확산되고 있는 오미크론에 대해 조선중앙TV는 '대동란'으로 묘사하며 연일 상세히 보도하였다. 이에 우리 정부는 의약품을 지원하겠다는 의사를 공식적으로 천명하였으나 북한은 묵묵부답이다. 중국의 의약품 지원은 받고 있으나 대한민국의 지원은 거부하고 있다. 이것은 일시적인 현상이 아니라 앞으로도 중국의 의존도를 높일지언정 대한민국에 의존하지 않겠다는 의지의 천명이라 하겠다. 김정은 정권은 중국에 의존하는 것은 체제 유지의 길이지만, 대한민국에 의존하는 것은 체제 붕괴로 이어진다고 판단하고 있다.

그럼에도 대한민국에 살고 있는 우리는 북한을 도외시할 수 없는 숙명 같은 것이 있다. 그런데 통일정책은 시대적 경향을 담아내야 한다. 역사적으로 분단국가의 통일 과정들을 살펴보면 동등한 입장에서 통일이 이루어진 적이 거의 없었다. 반드시 통일의 주체와 대상이 있었다. 김일성 생존 시에 북한은 자신들을 통일의 주체로 간주했다. 1984년 9월 북한은 적십자회를 통해 서울과 경기지역 수재민들에게 쌀 5만 석, 옷감 50만m, 시멘트 10만 톤, 의약품 등을 지원하겠다고 공식 제안할 정도로 자신감이 있었다. 전두환 정부는 이를 수용하여 실제로 수해물자가 북한에서 남한으로 전해졌다. 이어 1985년에는 분단 40년 만에 이산가족 상봉과 남북한 예술단 교환방문이 진행되었다. 이때만 하더라도 북한은 체제 우월성을 내세우며 남북한 교류가 북한 내에 큰 영향을 미치지 못할 것으로 내다보았고 적십자회담 시에도 그들의 태도는 당당했다.

그러나 1988년 서울 올림픽은 북한에 큰 충격을 주었다. 서울에서 올림픽이 열렸다는 사실도 그랬지만 구소련을 포함한 동구 사회주의 국가들이 대거 참여했다는 것이 더 큰 충격이었다. 쌍방향 소통이 불가능해 아래에서 수직적으로 올라오는 허위 과장보고에 둘러싸여 현실을 잘 모르고 있던 북한 지도부는 서울 올림픽에 맞서 1989년에 제13차 세계청년학생축전을 평양에서 개최하기로 하고 구소련과 사회주의국가 대표들을 대거 초대하는 '큰 잔치'를 벌이고 엄청난 외화를 탕진한다.

북한의 경제상황을 회복 불가능하게 악화시킨 청년학생축전의 여파도 가시기 전, 구소련과 동구의 붕괴, 이어진 한-소, 한-중 수교 등 사회주의 형제국의 배신과 외교적 고립을 경험하면서 점점 통일의 대상이 되어 간다는 것에 대해 두려워하고 있었다. 1994년 김일성의 사망과 1995년부터 불어 닥친 엄혹한 '고난의 행군'은 체제경쟁이 끝났음을 인정시키며 자신감을 잃게 하였다. 그런 의미에서 대한민국의 인도적 지원이나 경제적·기술적 교류는 통일의 주체가 손을 내미는 행위로 통일의 대상인 북한을 포석하려는 역할에 불과하다고 판단하고 늘 경계하고 있는 것이다. 그렇다면 이 시점에서 우리의 통일정책은 어떤 방향으로 가야 할지에 대해 처음부터 다시 새롭게 고심해야 한다고 판단한다. 남북관계, 주변국의 환경, 정권의 성격 등을 고려하되 지속적이고 일관성 있는 정책을 추진할 길은 과연 없는 것인가.

2. 통일교육의 변천과정

1) 반공교육

(1) 이승만정부

1948년 이승만정권과 김일성정권은 8월 15일과 9월 9일에 각각 단독정부를 세웠다. 김일성정권은 '공산주의자는 도덕적으로 우월해야 한다'는 명분하에 이승만정권의 단독정부가 출현하였으니 마지못해 자신의 단독정부를 수립하는 것처럼 연출했다. 그러나 이전부터 단독정부 수립을 위한 준비를 매우 치밀하게 진행하였고 김일성의 단독정부 수립을 반대하는 세력을 제거하는 행위도 서슴없이 감행하였다. 1945년 9월 중순 평양으로 입성할 당시 김일성은 이미 '김일성장군'으로 불렸다. 항일과 반일운동의 대명사가 된 것이다.

김일성정권은 자신들 정부야말로 통일의 주체로서 한반도를 이끌어갈 정통성을 가지고 있다고 피력했다. 2차 세계대전의 대독전쟁에서 승리한 '위대한 소비에트 연방'의 영향 아래 동유럽과 아시아에 사회주의 국가들이 확산되고, 일본의 패망 후 국공내전에서 승리한 '대중국'을 보면서 김일성은 적화통일의 성공 가능성을 확신했다. 김일성의 자신감은 6.25 전쟁을 도발하는 데로 이어졌다. 아직까지 6.25 전쟁을 미제(국주의)와 그 주구인 '남조선괴뢰군'이 먼저 침범한 전쟁이라고 그 원인을 돌리고 있다.

6.25 전쟁은 남한 전역은 물론 북한 정권에게 엄청난 피해를 주었다. 북한 당국은 북한 지역에서만 190만 명이 미군에 의해 학살되었고 도시와 농촌은 잿더미가 되었다고 공식적으로 발표했다. 그러나 1953년 정전 직후 소련의 10억 루블이라는 엄청난

원조와 동구권과 중국, 몽골의 사회주의 형제국들의 무상원조는 1954년 북한 전체 예산의 34%에 달했다. 미-소 냉전의 실상을 극명하게 드러내는 한반도에서의 남-북 대치상황은 국제주의 성격에 입각한 사회주의 진영에서 볼 때 북한의 '사회주의제도 우월성'을 단기간 내에 보여주어야 할 사명감을 갖게 하였고, 이는 북한의 이해관계와 잘 맞아떨어졌다.

북한의 매년 20%에 가까운 외연적 성장은 수년간 지속되었다. 전후 복구 건설의 눈부신 성과는 김일성정권이 6.25 전쟁 실패에 대한 책임에서 벗어나게 해주었으며, 그뿐만 아니라 6.25 전쟁은 '위대한 조국해방 전쟁'으로, 정전협정일인 7.27일은 '전승절'로 탈바꿈했다. 모든 책임을 침략자 미제국주의에게 돌릴 수 있게 만들었고 김일성의 계파(빨치산파)와 노선을 달리하는(중공업 우선 정책 반대 및 개인숭배 타파와 같은) 공산당 내의 다른 계파를 숙청하는 좋은 구실을 주었다.

'일제와 미제를 물리친 위대한 영웅'으로 둔갑한 김일성은 1960년 8월 15일에는 해방 15주년을 기념하여 정치적, 경제적 자신감을 바탕으로 통일방안을 제시한다. "남측이 '외세의 간섭 없이 남북 총선거'를 받아들일 수 없다면, 통일을 실현하기 위한 과도적 조치로서 남북의 현존 제도를 그대로 두고 대한민국 정부와 북한 정부의 대표로 구성되는 최고민족위원회를 조직하는 방법으로 연방제를 실시하자"고 제안한다. 이것은 국가연합에 가까운 성격을 띤 남북연방제를 의미했다. 실제로 남북총선거를 염두에 두고 휴전선 이북 행정체제 개편을 서둘러 1949년에는 자강도를 새롭게 내왔으며, 1954년에는 양강도를 새롭게 설치하여 해방 직후의 5개 도를 8개 도로 확대 개편하였다.

한편 이승만정권은 제1공화국 시기(1948~1960)에는 냉전의 산물로 '멸공통일', '승공통일'을 내세웠다. 정통성 경쟁이 치열했던 이 시기에 이승만정권은 남한정부만이 한반도의 유일한 합법 정부이며 북한은 '반란단체'라는 인식에 기초해 '북진통일론'을 내세웠다. 따라서 무력을 동원해 통일을 이루겠다는 주장으로 고수했고 자연스럽게 통일교육은 승공, 멸공, 북진이라는 반공교육 체계를 구축하는 방향으로 전개되었다. 1954~1963년 제1차 교육과정에는 '이승만정부'의 반공교육 내용이 고스란히 반영되었다. 이때 반공교육과 도덕교육이 일원화되고, '도덕교육 요강'에 반공 관련 항목이 구체화되고 제도화되었다. 1956년 초·중·고 도덕교과서를 개발하고 보급하였으며, 교과서의 반공교육 내용으로는 전쟁과 북한의 공세에 대한 내용들이 담겨졌다. 반공교육은 주로 공민과 도덕 영역을 중심으로 전 교과에서 실시되었다. 제2공화국 시기(1960~1961)에도 북한에 비해 열세인 국력과 6.25 전쟁의 아픔을 경험한 국민 정서를 감안하여 반공교육 기조를 유지하였다.

(2) 박정희정부

김일성은 1961년 9월 조선노동당 제4차 당대회(전당대회)를 정적(소련파, 연안파)들을 숙청한 '승리자의 대회'로 기념하고 통일과 관련된 논의에서도 주도권을 행사하였다. '3대혁명역량'을 강화해 통일을 이룬다는 전략으로 북한 내 혁명역량, 남한 내 반정부 연공 혁명역량, 국제적 반제 혁명역량이 단결하면 북한 주도의 통일을 이룩할 수 있다는 내용이다.

하지만 1960년대 중반을 기점으로 비효율적인 북한의 경제 제도가 그 취약성을 드러내면서 1950년대와 같은 눈부신 성장세를 유지하지 못했다. 1964년부터 기초생필품인 속옷, 신발, 양말과 같은 배급물품을 제한 공급했으며 1967년에는 간장, 된장, 기름, 소금, 성냥의 기초 부식물까지도 제한해서 판매하는 제도를 도입하였다. 1950년대의 높은 경제성장 속에서도 '증산과 절약', '강제 축적'의 구호 아래 주민들은 1개월 월급으로 와이셔츠 1벌, 신발 1켤레를 변변히 살 수 없었다.

1960년대 들어서면서 조선노동당 내의 민주주의가 완전히 소멸되었다. 1955년 '주체' 용어가 등장한 이후 점차 '주체사상'으로 진화하였다. 1967년 갑산파(일제강점기 북한의 갑산 지역에서 활동하던 공산당 계파)에 대한 대대적인 숙청을 마무리한 김일성은 마르크스-레닌주의에서 탈피한 '주체사상'을 당내의 유일한 사상으로 천명했다. 이는 김일성 권력에 대한 일말의 비판이나 논쟁이 불가능하도록 북한 사회를 차가운 얼음장으로, 공룡의 단단함으로 변화시켜 모든 역동성을 제거하는 조치였다.

'경제건설과 국방건설의 병진노선', '대안의 사업체계', '청산리 정신 청산리 방법'과 같은 김일성의 일방적인 노선과 정책에 대해 아무도 토를 달 수 없었다. 1962년에는 '4대 군사노선'(전군 간부화, 전국 현대화, 전국 요새화, 전민 무장화)을 채택하고 대한민국에 대한 공세적이고 적대적인 정책을 한층 강화했다.

북한이 공식 발표한 자료에는 1953년 국방비는 전체 예산의 30.6%이었고, 1954~1959년 28.4%, 1960~1962년 19%, 1961~1966년 19.8%, 1967년 30.4%, 1968년 32.4%, 1969년 31%, 1970~1971년 29.2%, 1971년 31.1%을 기록하였다. 이후 1972년부터 1999년까지는 11~17%라고 밝히고 있지만, 실제로는 전부 30% 이상인 것으로 알려졌다. 북한에서 통계는 1급 비밀에 해당된다. 또한 통계를 대외용과 대내용으로 나누고 있다. 게다가 김일성과 그 지도부가 보는 통계와 일반주민에게 알리는 통계로도 구분되어 있다. 위기의 외재화를 위하여 북한 당국은 1968년 1월 청와대 기습공격, 미국 푸에블로호 납치 사건, 10월 울진·삼척 무장공비 침투사건 등을 연이어 일으켰다.

1970년대 들어 미-중 데탕트, 중-일 수교와 같은 일련의 사건들에 직면하면서 북한은 소련과 동구사회주의권 국가들에만 의존했던 교역을 서방과 발전도상국, 산유국으로 확대했다. 북한의 교역 방식 변화는 소련과 사회주의국가들에게 파트너로서의 신뢰를 저버린 행위로 반발을 불러왔고 서방국가와의 교역도 품질과 신용을 지키지 못해 1970년대 말 다시 사회주의권으로 회귀했다.

1974년 북한당국은 '당의 유일사상 체계 확립의 10대 원칙'을 내세웠다. 김일성의 생각으로 전당과 전체 인민을 '일색화, 일원화'한다는 내용이다. 대부분 김일성의 신격화 작업에 관한 것이다. 이는 국가보위부의 신설과 정치범수용소의 강화로 이어졌다. 적지 않은 주민들이 그 덫에 걸려 국가보위부로 끌려가거나 정치범수용소에 수감되고 오지로 추방되었다. 북한 사회에는 김일성에 대한 칭송과 찬양만이 흘러넘쳤다. 국가보위부는 김일성을 제외한 모든 북한 구성원에 대해 사찰과 감시를 진행했다. 김일성은 헌법과 제도에서 벗어나 아무런 법적 규제를 받지 않는 유일한 1인이 되었다.

제3공화국 시기(1961~1972)에 대한민국은 여전히 '반공'을 제1의 국시로 내세우고 대국민 반공의식 고취와 반공 기반의 '통일 역량 배양 정책'을 강력히 추진하였다. 박정희정부의 '선경제건설 후통일' 정책노선은 그 성과들이 나타나기 시작했다. 놀라운 경제발전에 따른 국력 신장으로 체제경쟁의 자신감을 얻은 것에 근거해 1970년 8월 15일에 남북한의 긍정적 체제경쟁을 촉구하는 '평화통일구상 선언'을 발표하고 이어 1971년 8월에는 남북적 십자회담이 열리게 되었다.

2차 교육과정(1963~1973)에서 초등학교에 반공·도덕이 독립된 교과로 신설되고, 중학교의 도덕 이수 단위가 4단위로 증가되었다. 또한 고등학교 도덕은 국민윤리로 개칭되고 이수 단위도 6단위로 확대되었다. 특히 전체 교육과정의 구조를 교과 활동과 반공·도덕 생활 그리고 특별 활동으로 설정함으로써 공식적인 반공·도덕 교육의 기반을 마련한다.

제4공화국 시기(1972~1979)에는 박정희정부는 '7.4 남북공동성명'을 발표하는 등 남북관계의 일대 변화를 재촉하는 역사적인 사건들이 속출하였다. 1973년 '6.23선언'은 박정희정부가 기존의 1국가 내의 2지역 관계라는 인식에서 2국가 2체제를 공식적으로 인정하는 것이었다. 1974년 1월 '남북불가침 협정'에 관한 체결을 제의하였고, 8월에는 '평화통일 3대 기본원칙'(1. 한반도 평화 정착을 위한 남북 상호불가침협정 필요 2. 남북 간 신뢰회복을 위한 남북대화 및 교류 필요 3. 인구비례에 따른 자유 총선거 실시 필요 등)을 제안하였다.

3차 교육과정(1973~1982)은 종전의 비정규 교과로 취급되던 반공·도덕 교과에서 반공을 제외시켜 도덕 교과를 정규화하고, 반공을 그 교과 내용의 일부로 포함시켰다. 반공교육의 목표를 '첫, 민주주의에 대한 신념 강화, 둘, 공산주의 침략 격퇴와 승공통일 달성, 셋, 인류 공영에 기여'로 규정했다. 고등학교에서는 국민윤리를 정규 독립 교과로 전환했고, 대학 역시 국민윤리 교과를 교양필수과목으로 개설토록 하였다. 이 시기 박정희정부의 통일정책은 남북의 경제상황이 뒤바뀐 것을 바탕으로 방어적이고 수세적인 대응에서 공세적이고 적극적인 대응으로 전환되었다고 할 수 있다.

(3) 전두환정부

1980년 10월 북한은 조선노동당 제6차 당대회를 개최하고 김정일을 공식 후계자로 선포했다. 또한 '연방제 통일안'을 좀 더 구체화하여 발표했다. 그 내용은 반공정책 및 국가보안법 폐지, 남한 내 자유로운 공산주의 정치 활동 보장, 현 정부에서 배제된 연공정권 대체, 평화협정 체결과 주한미군 철수, 미국의 대북 적대정책 포기 등으로 요약된다. 주로 북한의 '3대혁명역량' 구성의 통일전략 중 남한 내 반정부 연공 혁명역량 형성에 유리한 요구들이라고 볼 수 있다.

갑산과 숙청에서 결정적 역할을 수행한 김정일은 전국의 모든 대학교, 중학교, 인민학교와 공장과 기업소에 '김일성동지 혁명역사 연구실'을 꾸릴 것을 지시하고, 사상교육의 내용을 마르크스-레닌주의에서 김일성의 혁명사상 교육으로 전환시켰다. 또한 '당의 유일사상 체계 확립의 10대원칙'의 실천을 위해 전당과 온 사회에 '강철 같은 규율'을 확립했다.

1970년대 후반부터 '수령 형상화 창조' 사업이 본격화되고, 영화와 소설, 문학과 예술 작품에 김일성 수령이 주인공으로 등장하거나 수령에게 충성하는 영웅적인 주인공이 내세워졌다. 모든 작품이 조악하고 도식화되어 주민들이 외면했다. 특별히 김일성의 항일무장투쟁을 과장해서 선전하는 분위기가 도를 넘어섰다. 항일운동과 반일운동은 김일성만의 것으로 독점되었고 3.1운동 마저도 김일성 가문이 주도하였다고 선전하였다. 1970년대부터 김정일이 중심이 되어 진행한 선전·선동이 김일성과 빨치산파와의 환심을 사게 되어 후계자의 위치를 공고히 하였다.

1982년 김정일은 「주체사상에 대하여」라는 논문을 발표하고 이 글에서 "혁명과 건설의 주인은 인민대중이며 혁명과 건설을 추동하는 힘도 인민대중에게 있다"는 주체사관을 내놓는다. 얼핏 보면 인민대중이 중심에 있다는 좋은 내용인 것 같지만 여기에서 지칭하는 인민대중은 '수령의 영도를 받는' 대중을 의미했다. 다른 말로는 수령의 영도를 받지 못하는 대중은 인민대중이 아닌 오합지졸에 불과하다는 것이다. 여기서 김정일은 부모가 주는 육체적 생명은 유한하지만 수령이 주는 사회정치적 생명은 무한하다고 주장하고 있다. 이를 '혁명적 수령관'이라고 일컬으며 "혁명과 건설에서 수령이 차지하는 지위와 결정적 역할"을 강조하는 '수령론'을 중심으로 전제 주민을 세뇌시킨다.

인민생활을 전적으로 보살피고 책임지는 '전지전능하고 무오류, 무결점의 수령'에 대한 선전과는 달리, 북한의 경제 상황은 시간이 갈수록 악화되고 있었다. 전후 엄청난 원조에 힘입어 눈부신 경제성장을 이루어내는 것 같았으나 김일성의 단일권력 강화, 체제 우월성 과시, 김정일의 후계체제 공고화에 투자가 집중되면서 인민소비재 생산이 결정적으로 줄어 주민들은 생필품의 절대 부족 상황에 시달리고 있었다. 1970년 '공업화 완성'을 선포했지만, 연간 세대 당 양복감 1벌도 공급하지 못했고, 1980년대 들어서는 학생 교복을 제외하고는 의복 공급이 전혀 이루어지지 않았다.

이를 의식해서인지 북한은 1964년까지 해마다 경제지표를 공식적인 통계를 통해 발표했으나 1965년 이후 그 발표 횟수가 감소하더니, 1968년 이후부터는 발표 자체를 거의 중단했다. 1960년대 노동자의 1일 쌀 배급 기준량이 700g이었지만 1970년대에는 10% 감소한 630g으로, 1980년대에는 20% 감소된 550g을 공급하였다. 그러나 북한당국은 알곡(곡물) 생산량이 1963년에 500만 톤, 1975년에 800만 톤, 1984년에는 1,000만 톤이라고 김일성의 신년사를 통해 발표하였다. 수령의 현명한 영도에 의해 빛나는 성과가 나타났음을 보여주기 위한 지표들과는 달리 인민의 생활 수준은 지속적으로 하락해, 절식 가정들이 생겨났다. 그럼에도 김일성은 1986년 신년사에서 알곡생산 1,500만 톤을 목표량으로 발표한다. 주민들에게 당국의 선전은 현실과는 너무도

거리가 먼 빈말일 뿐만 아니라 실현 불가능한 이상일 뿐이었다.

당국의 사상교육에 염증을 느끼는 주민이 증가하면서 사회주의 제도 자체에 대한 회의주의가 확산되었다. 사회주의의 고질병인 비효율적이고 유연성이 떨어지는 생산구조는 사상교육의 효과를 하락시킨다. 당국은 해방과 전쟁을 경험하지 못한 '혁명의 3, 4세대'(1980년대 10~30대)에 대한 사상교육 방법을 강구해 사회주의·공산주의의 우월성을 인식시키며 사회주의의 승리를 확신하도록 교양해야 한다고 주장한다. 그러나 북한의 청년들에게 이러한 사상교육은 더 이상 새로울 것이 없는 '신물 나는' 내용에 불과했다.

제5공화국 시기(1981~1987)에는 경제발전과 안보를 제1의 가치로 내세웠다. 전두환정부는 1980년 1월 '남북 최고책임자 상호방문'을 제의하였고 동년 6월에는 '남북 최고책임자 회의' 제의를, 1982년 1월에는 '민족화합 민주통일방안'(1. 인구비례에 따른 총선 방식 보완을 통한 민족통일협의회 구성 2. 남북 총선거에 대한 외부감시 요건 제거 3. 잠정협정을 통해 남북관계의 중립적 공존의 제도화 등)을 발표하였다.

4차 교육과정 시기(1982~1987)에는 국민정신교육을 강화하고 공산주의의 도전을 극복할 수 있는 사상적 역량을 길러 자유, 민주, 평화, 통일의 신념을 굳게 하는 데 역점을 두었다. 대북 자신감을 토대로 통일정책과 통일교육은 70년대의 적극적인 자세를 계속 강화하여 나갔다.

1985년 소련공산당의 서기장으로 고르바초프가 등장하였다. 그는 페레스트로이카(개혁)와 글라스노스트(개방)를 내세워 당내 민주화와 개혁을 단행했다. 소련공산당의 지침은 동구사회주의권으로 확산되어 자유화 바람을 일으켰다. 이러한 시대 흐름을 반영하여 전두환정부는 그동안의 적대적인 반공 교육 방식에서 벗어나려는 시도로 새로운 국제질서와 국내 상황에 부응하여 공산주의 이데올로기 비판 교육을 실시하였다.

2) 통일·안보교육

(1) 노태우정부

1980년대 중반 들어 북한은 경제적 상황의 악화와 더불어 과거 사회적으로 실시했던 여러 정책들의 부작용이 심각하게 드러났다. 가장 두드러진 부분은 1950년대 후반부터 1960년대 중반에 걸쳐 전체 주민을 대상으로 실시한 성분분류 작업의 후과(나쁜 결과)였다. 전쟁을 통해 '믿을 수 있는 자'와 '믿을 수 없는 자가 구별되었다고 판단한 당국은 모든 주민에게 '출신성분'과 '사회성분'을 부여했다. 부모의 배경이 '출신성분'인데 해방 전과 해방 후, 전쟁 시기의 부모의 행적을 조사해 부여했다. 또한 본인의 사회생활 정형(상황)에 따라 '사회성분'을 부여했다. 출신성분과 사회성분에 맞추어 거주지와 주택, 직장이 배정되고 출세의 길이 결정된다. 심지어 식량 배급과 공급, 대학입학과 결혼 등이 여기에 입각하여 이루어져 그 차별이 심화되었다. 얼굴 한번 본 적 없는 친인척으로 인해 억울하게 제재를 받는 사람들이 많아졌다. 민심은 불안해졌고 성분이 좋은 사람과 성분이 나쁜 사람은 도저히 섞일 수 없는 물과 기름 같았다. 서로 경계하고 불신하고 있었다.

정치권력의 전면에 등장한 김정일은 1980년대 중반 사회정치적 생활 경력이 복잡한 사람이라 할지라도 '당을 진심으로 믿고 따르면' 과거를 용서하고 통이 크게 포용하겠다는 소위 '광폭정치'를 내세운다. 이를 반영한 대표적인 영화가 〈보증〉이다. 많은 이들이 성분이 나쁜 주민이 겪는 시련에 공감했다. 영화 〈보증〉은 결혼, 대학입학, 직장배치, 주택공급과 같은 현실적인 문제들을 다루지만 결국 당의 '광폭정치'에 의해 해결된다는 내용이다.

1986년부터 실시한 '전국대학입학예비판정시험' 제도는 그때까지 성분이 좋은 학생들만이 추천을 받아 대학입학 본고사를 치르도록 한 제도를 폐지하고 전국의 모든 고등중학교 졸업생은 정무원시험이라고도 불리는 예비판정시험을 보고 성적순으로 대학입학 본고사를 치른다는 취지였다. 실력이 높지 못한 당·군·행정 간부의 자녀들이 '백(back)'을 이용해 대학에 입학하는 것을 막고, 실력이 우수한 학생들을 대학에 입학시키는 실력본위주의 제도를 도입했다고 선전했다.

사회주의는 필연적으로 생산의 하락으로 이어지기에 고르바초프는 혁신적인 정책을 선택하였지만 북한은 이를 수정주의라고 비난하고 나섰다. 소련과 동구의 자유화 바람에도 불구하고 북한은 여전히 고질적인 경제상황과 해결되지 않은 사회적 문제들이 적체되어 있었다.

1988년에 개최된 서울올림픽 소식은 경직되고 침체되어 있던 북한 청년들, 특히 대학생들에게 큰 충격을 주었다. 이미 당국이 제공하는 공식보도보다는 비공식 뉴스를 더 신뢰하던 청년 학생들은 88올림픽 소식을 비공식적인 루트를 통해 접하고 '남조선'에 대한 인식이 바뀌었다. 더욱이 1989년 제13차 세계청년학생축전에 전대협 대표로 참석한 임수경은 남한 주민들의 일상과 모습을 읽는 창구 역할을 했다. 북한 당국은 임수경을 '통일의 꽃'으로 부르며 남한 내 주민들이 김일성과 북한사회를 동경하는 증거로 내세우고 그 정치적 영향력을 기대했으나, 청년들은 정치사상교양 따위에는 관심이 없었다. 오히려 차림새나 헤어스타일, 자유분방한 말투 등에서 '남조선 문화'의 실상을 감지하고 영향을 받았다. '남조선 문화'에 대한 관심이 증폭되자 남한의 음반을 나르는 불법 공급자들까지 생겨났다. 1989년부터 북한의 대학가에는 통기타로 남한가요를 부르는 것이 유행처럼 번져갔다. '바람, 바람, 바람', '사랑의 미로', '당신은 모르실 거야', '그때 그 사람' 등 수십여 곡이 유행했다.

1989년은 사회주의권에서 굵직굵직한 사건들이 연이어 발생한 해이다. 중국의 천안문사건, 루마니아의 공산당 서기장 니콜라이 차우세스쿠와 부인 엘레나 차우세스쿠 처형 사건, 동서독의 베를린 장벽 붕괴 사건이 대표적이라 하겠다. 북한 지도부는 김일성과 호형호제하던 루마니아의 차우세스크 처형 사건에 촉각을 곤두세웠다. 비디오테이프를 즉시 구해 수십 번을 되돌려 볼 정도로 충격에 빠졌던 지도부는 '개방하면 저런 꼴 난다'는 결론을 내렸다. 당시 동구권의 개방에 따른 '나쁜 결과'라고 판단한 북한 지도부는 1980년대 들어 공산 체제의 자신감을 가지고 그나마 추진하던 소극적인 개방 시도들을 전부 접어 버린다.

사회주의 종주국이었던 소비에트 연방의 붕괴와 연이은 동구 사회주의권의 붕괴에 대처해 '우리식 사회주의'를 내세우고 동구권 국민들이 '사회주의를 버렸다'고 비난했다. 북한의 매체들은 사회주의를 버린 국민들의 실태를 보여주기에 급급했다. 조선중앙TV에는 매일같이 구소련의 전쟁영웅들이 생계를 유지하기 위해 훈장과 메달을 시장에 내다 파는 비참한 모습들을 방영하였다.

1990년 들어 '사회주의는 지키면 승리요, 버리면 죽음이다'라는 구호 아래 주민들에 대한 사상교육 강화만이 북한체제를 지키는 길이라고 피력했다. 그런 가운데서도 사회주의 시장을 잃은 북한의 경제상황은 더욱 악화되어 갔다. 식량은 제때에 배급되지 않았고, 생필품 공급은 중단된 지 오래되었다. 주민들은 가난에 허덕이고 있었다. 그럼에도 당국은 북한식 사회주의의 우월성 선전 기조를 고수하고, '위대한 수령'을 지도자로 모신 세상 제일의 '우리 민족 제일주의'를 외치고 있었다.

노태우정부는 이미 고르바초프의 개혁개방 정책으로 탈냉전의 바람이 불고 있는 소련과 사회주의권 국가들을 고려해 1988년 7.7특별선언을 발표하고 북방정책 구상을 공표한다. 북방정책에 따라 서울올림픽에 구소련을 비롯한 동구사회주의 국가들이 대거 참가하였다. 1989년 9월에는 자주·평화·민주의 원칙 아래 한민족공동체통일방안을 제시하였고, 당국은 물론 민간 차원에서도 민족자존과 통일번영을 위한 적극적인 통일 논의가 이어졌다.

한편 1989년 3월 문익환 목사를 중심으로 한 재야 지도자들이 방북했다. 이어 작가 황석영이, 6월에는 국회의원 서경원이 방북했다. 임수경의 평양 세계청년학생축전 참여까지 연거푸 생기면서 정부의 권위에 도전하는 다양한 통일 논의에 불을 붙였다. 1990년대 사회주의권의 붕괴와 냉전의 종식에 따른 정세 변화에 맞춰 통일교육의 새로운 변화를 모색하게 되었다.

노태우정부의 통일·안보교육은 기존의 반공교육의 틀을 벗어난 새로운 차원의 통일교육을 제안했다. 통일에 대한 열망과 긍정적인 태도를 형성할 수 있도록 하면서 우리를 위협하는 요소에 대한 경계심을 강화하는, 한마디로 말해 통일과 안보를 동시에 강조하는 교육이었다.

5차 교육과정(1987~1991)에서 통일·안보교육에 있어 중요한 변화가 일어났다. 시대적 변화에 부응하는 통일교육 내용의 현실화와 민주주의 및 시민교육의 강화가 병행된 것이다. 체제경쟁에서 승리했다는 자신감을 토대로 공산주의 이념과 체제에 대한 합리적인 비판, 자유민주주의 이념과 체제의 우월성을 합리적으로 이해하는 것, 민주시민으로서의 정신을 고취시키는 내용이 중심을 이루었다. 또한 북한의 위협적 실체를 강조하면서도 동시에 북한은 민족공동체, 운명공동체임을 강조하고 나섰다.

(2) 김영삼정부

1993년 김영삼정부의 출범을 앞두고 조선노동당 기관지인 〈노동신문〉은 '문민유다 김영삼'이라는 제목으로 대서특필했다. 1990년의 3당 합당의 결과로 대통령에 당선되었다는 내용인데 김영삼 대통령을 배신자의 대명사인 '유다'로 표현한 것이다. 1993년 북한의 상황은 녹록치 않았기에 욕설의 수위도 올라간 것으로 분석된다. 1990년의 한-러 수교, 1992년의 한-중 수교는 북한을 외교적 고립상태로 몰고 갔다. 군사동맹국과 혈맹국으로부터 방기된 북한은 미국과의 직접 교섭에 나서야 한다고 판단하고 있었다.

1993년 1월 한미 팀스피리트 합동군사 훈련이 발표되자 북한은 단연 그때까지 진행되던 남북대화를 중단한다. 이어 1993년 클린턴 대통령 취임 후인 3월 12일 핵확산금지조약기구(NPT) 탈퇴를 선언했다. 이에 국제원자력기구는 북한에 NPT 탈퇴선언을 철회할 것을 요구하기에 이른다. 1994년 봄 북한은 국제원자력기구 사찰 요구에 대해 "바지를 벗어 보여 달라고 하는 요구에는 응할 수 없다"고 답하며 벼랑 끝 전술을 꾀하고, 마침내 미국과 협상 테이블에 마주 앉는다.

김일성은 정권 수립 전부터 핵개발에 대한 구상을 가지고 있었다. 1954년 인민군 내에 '핵무기 방위 부문'을 설치, 1956년 30여 명의 물리학자를 소련에 파견해 핵물리학을 공동으로 연구하도록 하였다. 1957년 주한미군이 남한에 전술핵무기를 배치한 것에 대응해 1959년 소련과 원자력협정을 체결하였지만 소련 의존도를 줄이고 자체적으로 핵개발 인력을 양성하기 위해 1962년 영변에 원자력연구소를 설립했다. 1965년 소련의 IRT-2000 원자로를 도입하고 본격적인 핵 연구를 시작하면서 김일성은 "불원간 핵을 보유할 수도 있다"고 천명했다. 1967년 군 지휘관들 회의에서 김일성은 또다시 "우리도 원자탄을 생산하여 미국이 원자탄을 사용하면 우리도 사용할 수 있다"고 발언한다. 그런가 하면 1970년 부총리 박성철도 북한을 방문한 일본 사회과학 대표단에게 "1972년까지 원폭 제조에 노력하겠다"고 공언했다.

그러면서도 한편으로 핵개발 과정의 실상을 숨기기 위해 북한은 일부러 1974년 국제원자력기구(IAEA)에 가입하고 그 후 핵연

료의 정련, 변환, 가동 기술을 집중적으로 자체적으로 연구해왔다. 1980년에는 5MW급의 연구용 원자로 건설에 착수했고 5년 후에는 가동에 들어갔다. 1982년 평북 박천에 우라늄 정련 및 변환시설을 가동, 1983년에는 고성능 폭발실험을 70여 회 실시했다. 1985년 영변에 50MW급 원자로 건설에 착수하였고, 평산에도 우라늄 정련 및 변환시설을 가동했다. 그럼에도 북한은 동년 12월 12일에는 핵확산금지조약(NPT)에 가입한다. 전형적인 핵부인 전략이다.

1990년 북한은 국제원자력기구의 사찰을 수용하는 조건으로 남한 내의 주한미군 핵시설 폐기를 요구하였으며, 이에 노태우 정부는 주한미군 전술핵무기의 전면 철수를 미국과 합의하여 12월 18일 남한 내에 핵이 부재함을 선언한다. 이에 북한은 1992년 핵안전협정을 비준하고 제1차 국제원자력기구의 대북 임시 사찰을 수용한다.

1993년 중단되었던 남북대화는 북미협상으로 반전을 가져와 1994년 7월 25일 남북정상회담을 예견하고 있었다. 그러나 7월 8일에 김일성이 심장 발작으로 숨을 거두었다고 북한 매체가 발표하면서 정상회담은 무산되었다. 김일성 사후 북한은 국가적인 경제부도 사태에 직면한다. 북한 인민이 하늘같이 믿고 따르던 당과 국가는 북한주민의 대량 아사와 굶주림을 방치했다. 1995~1998년 사이에 북한의 국가 시스템은 정상적으로 작동하지 못했다. 무질서와 혼란, 아비규환 그 자체였다. 철도 운송이 마비되고 전기와 물이 공급되지 않았다. 공장 가동률이 30% 이하로 하락해 출근하고도 배급 받지 못하는 것이 일상이 되었다. 공식적인 직장 출근으로는 먹고 살 수 없는 주민들이 장마당을 만들고 매달렸다. 길가에는 비위생적인 음식물과 남루한 옷가지들을 파는 주민들이 앉아 있었다.

학교나 병원의 상황도 심각했다. 국가의 교육현장에 대한 방기는 학교현장의 파괴, 교육기자재와 교과서 부족으로 이어졌고 학생들은 출석하지 않았고 교원들은 출근하지 못했다. 병원에는 장비는 물론이고 주사나 의약품이 절대적으로 부족했다. 고난의 행군 당시 북한 내에는 후진국형 질병인 홍역, 장티푸스, 파라티푸스, 콜레라와 같은 병이 창궐하였으나 식염수를 맥주병에 넣어 링거처럼 사용할 수밖에 없었다. 고난의 행군을 겪으며 북한 주민들은 수령으로 칭송되는 1인자가 결코 전지전능한 신이 아니라는 인식이 갖게 되었다. 북한당국을 믿고 사는 것보다 돈을 믿어야 살아남을 수 있다는 신념이 자리를 잡게 된 것이다. 반면에 김일성 사후 김정일의 권력 세습은 더욱 공고화되었다.

김영삼정부는 사회주의권의 몰락에 따른 대외 환경의 급변에 대처하고자 이전의 통일정책을 점검하고 새로운 통일정책을 수립하였다. 출범 초부터 북핵 위기가 발발하면서 최악의 남북관계 상황에 처하였으나 1994년 광복절을 맞이해 '민족공동체통일방안'을 천명했다. '민족공동체통일방안'은 남과 북이 같은 민족으로서 경제, 사회, 문화공동체를 회복하고 발전시켜 새로운 민족공동체를 형성한다는 내용이다. 궁극적으로 정치적 통합, 즉 '1민족 1국가 1체제 1정부'의 통일국가를 완성한다는 것이다. 김영삼정부는 계속해서 1995년 '한반도 평화체제 구축의 3대 원칙'을 내놓는 등 단계적으로, 점진적으로 남북관계를 개선하고자 노력하였다.

　6차 교육과정 시기(1992~1996)의 통일교육은 1990년대 들어 전개된 급격한 대외 환경의 변화를 통일교육 전반에 반영하였다. 교육부는 국민윤리를 윤리교과로 바꾸고 자유민주주의 체제우월성 교육에서 탈피해, 있는 그대로의 북한 체제를 이해시켜 상대방에 대한 대결심리와 적대감을 해소하기 위한 '민족통합' 교육으로 변경하였다. 소극적인 분단 극복을 넘어 적극적으로 통일방안을 모색하고 통일한국에 대비해야 한다는 점을 강조한 것이다. 단순히 통일정책이나 북한의 실상에 대한 교육뿐 아니라 통일 이후를 대비하는 시민교육으로까지 확장하였다. 기존의 안보교육을 통일교육의 하위 영역으로 설정함으로써 통일과 안보에 대한 균형감각을 추구하고 있음을 분명히 하였다.

3) 통일교육

(1) 김대중정부

김일성 사후 모습을 드러내지 않던 김정일은 1998년 국방위원회 위원장의 직책으로 공식 등장했다. 조선노동당 총비서나 조선민주주의인민공화국(DPRK) 주석이 아닌 내각의 일개 부처 기관장으로 등장한 것은 당시 북한의 상황이 얼마나 심각했는지를 잘 보여주는 사례라 하겠다. 3년 이상 모습을 드러내지 않던 그가 국가적인 혼란 사태가 수습되는 조짐이 보이자 그마나 전면에 나선 것이다. 북한당국은 지칭한 '고난의 행군'이 끝났다는 발표도 곁들였다. 그러나 내부적으로 '강행군'이 이어지기에 허리띠를 졸라매야 한다고 독려했다.

김정일은 주체사상이 더 이상의 가시적인 효과를 낼 수 없다고 판단해서인지 '선군사상'을 내온다. 공식적으로는 '군대가 혁명과 건설, 사회의 모든 분야에서 주축이 된다'는 내용이지만 사실상 계엄령이었다. 국가 시스템이 제대로 작동하지 못해 사회 전반에 혼란과 무질서가 만연되어 있는 상태에서 총을 든 군대가 사회질서를 유지하고 치안을 보장하게 한다는 것이다. 지난시기에는 쌀 배급으로 주민들을 통제했으나, 쌀 배급이 중단된 현실에서 총으로 주민을 통제하는 방식을 채택한 것이다.

구소련이 1961년에 체결한 '조-소 우호협력 및 상호 원조조약'을 러시아는 1995년에 파기했다. 영토의 40%를 잃고 소련에서 러시아로 축소된 후 내린 조치였다. 중국은 천안문사태의 후유증으로 경제가 곤두박질하고 그 수습에 정신이 팔려 북한은 안중에도 없었다. 지구상에는 북한을 편들어 줄 나라는 없는 듯하였다. 그런데 1990년대 중반부터 유럽이 북한의 경제난에 대한 전폭적인 지원을 약속하고 나섰다. 1970년대 구소련과 사회주의권 국가들과의 교역을 끊고 서방 선진 자본주의 국가들과 교역을 진행했다가 중단되었을 때와는 달랐다.

1995년 스웨덴은 1억 656만 달러를 기부하기로 결정, 1995년 1월 25일 국제금융기관인 네덜란드계 ING은행이 북한 내 합영은행 설립에 합의하였다. 그해 2월 영국의 페레그린 투자회사와 합작으로 페레그린대성개발은행 설립합의서를 채택하고, 3월에는 독일의 청산 및 구상무역회사(DCCG)와 북한국제무역촉진위원회 간에 향후 5년간 매년 1억 달러, 이후 3억 달러 규모의 청산거래 추진 협정을 체결했다. 1996년 북한과 스웨덴이 양국간 '공업소유권부문 협조합의서'를 스톡홀름에서 체결하고, 9월 덴마크와 '투자 장려 및 호상보호에 관한 협정'을 체결했다. 1997년 2월 네덜란드 무역진흥위원회(NCH)와 농업분야 경제협력 및 섬유부문 대북투자유치 및 채무 변제를 협의하고, 1997년 3~4월 네덜란드 실업대표단이 방북해 네덜란드 바칠라사와 조선 설비플랜트회사 간 810만길더(약 400만달러) 상당의 9.6MW 발전기용 엔진 2기를 북한산 고철과 바터교역으로 판매하는 계약을 성사시켰다. 1997년 11월 네덜란드 상공회의소 초청으로 북한 정부 대표단이 네덜란드를 방문해 외무부, 경제부, 농림부 등 정부기관과 셸(SHELL)사 등 기업체를 둘러본 후 북한 석유탐사와 섬유제품에 대한 투자유치 협의 및 감자 프로젝트 등 농산물 분야 경협을 성사시켰다. 1997년 11월 26일 북한과 유럽연합(EU) 간 브뤼셀 회담이 개최되었다. 그해 12월 니콜라스 국민경제부 협정대표를 단장으로 한 스위스 정부 경제대표단이 방북해 김봉익 무역성 부상과 양국간 투자보장협정을 체결했다. 1998년 1월 북한 노동당 대표단이 영국 방문해 관계증진을 협의하고, 조선국제보험회사 런던사무소를 설립하였다.

이어 1999년 3월 23일 유럽연합(EU)의 대의기구인 유럽의회가 대북지원 결의안 채택한다. 2000년 1월 14일 북한-이탈리아 간 대사급 외교관계 수립되고, 2000년 9월 9일에는 유럽연합(EU) 집행위원회 대외관계 담당위원에게 수교 제의 서한을 보내고 영국, 프랑스, 독일, 그리스, 벨기에, 아일랜드, 룩셈부르크, 네덜란드, 스페인에 각각 발송된다. 10월 19일 아시아-유럽정상회의(ASEM, 서울)를 계기로 영국, 독일, 프랑스, 네덜란드, 스페인, 벨기에 등이 대북 수교 방침 천명하고 12월 12일 북한과 영국이 대사급 외교관계를 체결했다.

김대중정부는 '햇볕정책'을 내세워 남북 화해와 협력의 시대를 여는 데 주력하였다. 집권 초부터 '통일'보다는 '관계개선'에 목표를 두었다. 대북정책은 기능주의적 입장에서 출발한 관여정책에 해당한다. 기술, 경제, 문화 교류와 협력은 점진적인 통합을 가져온다는 이론에 근거한 것으로, 남북관계에서 평화공존과 교류의 우선적 실현, 화해협력으로 북한의 여건 조성, 상호이익 도모 등을 추진했다. 북한은 아이러니하게도 제15대 대통령선거 기간 중 겉으로는 김대중 대통령후보를 지지했지만 실제로는 김대중 낙선운동으로 선거에 개입한 사실이 훗날 드러났다.

2000년 6월의 역사적인 남북정상회담이 개최되고 '6·15남북공동선언'을 발표했다. 남북관계는 급속히 개선되어 다방면에서 남북 대화가 진행되고 남북 간 교류협력이 크게 증대하였다. 2002년 북한은 7.1경제개선관리조치를 발표했다. '고난의 행군' 시기에 주민들에 의해 자발적으로 만들어졌던 무질서하고 비공식적인 장마당을 종합시장이라는 공식적인 틀 내로 수용하는 방안과 임금과 물가의 현실화 정책이었다. 200개의 시·군·구역의 중심지들에 종합시장이 설립되고 규모와 질서를 갖춘 매탁(매대)들이 마련됐다. 세금도 부과했다. 학교부지가 시장으로 바뀌는 지역도 있었다. 배급에만 의존하던 북한주민들에게 자본주의 시장에 대한 기초적인 이해를 심어준 계기였다.

가시적인 남북관계의 진전과 북한의 혁신적인 경제조치에도 불구하고 북한의 대량살상무기 개발과 실험은 계속되어 남북한 관계개선의 실질적 진전을 가속화하는 데 걸림돌로 작용했다.

2001년 9.11테러 사건을 기점으로 부시 행정부는 확연히 달라진 대외 강경정책을 취했다. 테러국이나 적대국의 위협에 필요하다면 국제사회의 동의 없이도 일방적인 조치를 취할 것이라고 천명한 것이다. 특히 이란, 이라크, 북한을 '악의 축'으로 규정했다. 2002년 10월 평양에서 북-미 양국이 부시 대통령 취임 후 첫 회담을 개최했으나 북한이 숨겨둔 우라늄 문제가 불거지면서 새로운 쟁점으로 점화되어 회담이 결렬되었다. 미국은 클린턴 대통령 시절부터 핵동결을 전제로 진행해 오던 경수로 건설을 중지하고 중유 수송을 중단했다. 이에 맞서 북한은 2002년 말 핵동결을 해제한다고 발표하고 영변에서 활동하던 국제원자력기구 사찰단을 추방하고 감시 장치들을 제거했다.

제7차 교육과정(1999-2007)에 제시된 통일교육의 목표는 "초·중·고등학교 학생들에게 장기적이고 체계적인 교육계획 하에 통일에 대한 기초적 지식과 이해력을 원리적이고 이론적인 수준에서 배양하여 통일을 성취하는 삶의 방식을 터득하고, 장차 통일에 대한 논의와 의사결정에 책임 있는 성원으로서 역할을 수행할 수 있도록 준비시키는 것"이라 설정되어 있다. 이 시기 통일교육은 민족공동체 교육을 주요 특징으로 하는데, 북한 이해 교육, 남북 간 이해 교육, 남북 간 적대감 해소와 신뢰감 형성, 민족의 자존과 주체성 함양, 공동체적 삶의 형성과 같은 교육이다.

1999년 '통일교육지원법'이 법제화되어 통일교육의 목표와 성격을 분명히 했다. 이 법에서 통일교육은 "자유민주주의에 대한 신념과 민족공동체 의식 및 건전한 안보관을 바탕으로 통일을 이룩하는 데 필요한 가치관과 태도를 기르도록 하기 위한 교육을 말한다"로 정의되었다. 통일교육 지원법이 제정됨으로써 적극적인 통일교육 시대를 열어갈 수 있었다.

6.15정상회담 이후 통일교육은 질적인 변화를 가져왔다. 남북 간의 상호불신과 적대관계를 넘어 통일교육의 목표를 '평화공존과 화해, 협력의 필요성 인식'에 초점을 두었다. 2000년 이후 통일교육지침서는 학교 통일교육과 사회 통일교육의 지침서로 나누어 매년 발간되었다.

(2) 노무현정부

2000년 들어 북한 주민들도 비교적 안정을 찾아가고 있었다. '고난의 행군'과 '강행군' 시기에 생존의 극한 한계에 몰려 시작했던 장사도 익숙해졌다. 국제적인 지원과 남북교류로 널뛰듯 하던 쌀값과 물가도 안정되었다. 북한은 유럽의 인도적 지원에 보답이라도 하듯 달러를 대신해 유로화로 결제하는 경제 운용방식을 취했다. 유럽 자본주의 경제체제 시찰과 운영방안을 연구하는 워크숍을 개최하고, 유럽과 함께 경제개혁 및 시장경제 도입의 공동 추진을 고민했다.

그러나 7.1 경제개선 관리조치가 나온 지 3년 만인 2005년 10월 돌연 '배급제 복귀'를 선언하고 종합시장에 대한 대대적인 정비작업에 착수했다. 내용인즉 비사회주의적 행위에 대한 통제를 강화하겠다는 것이다. 구체적으로 종합시장의 운영시간을 종일에서 퇴근시간에 한정해 운영하며 장사할 수 있는 여성의 연령은 39세 이상이라고 발표했다. 2006년 12월에는 만17세 이상의 성인 남성의 장사를 금지한다고 발표하였고, 2007년 10월에는 장사할 수 있는 여성의 연령은 46세 이상이라고 밝혀 젊은 여성들은 장사를 막는 조치를 내놓았다. 2007년 12월부터는 종합시장에서 공산품을 파는 행위도 사는 행위도 할 수 없으며 국영상점에서만 판매와 구매를 할 수 있다고 규정한다. 하지만 복귀된다던 배급제는 여전히 빈말이었고 국영상점은 시장을 대체하지 못했다.

주변국의 환경으로 볼 때, 2000년 러시아의 대통령으로 등장한 푸틴은 1995년에 파기되었던 '조-소 우호협력 및 상호 원조조약'재개하여 북한에 대한 지원을 약속했다. 2003년에는 중국의 국가주석으로 후진타오가 들어서면서 북한 당국에게 유리한 국면이 열린다. 김정일과 각별한 사이였던 중국과 러시아의 지도자들은 과거의 혈맹과 동맹 관계를 되살리고자 했다. 2000년대 두 지도자의 북한 방문도 이어졌다. 김정일은 남북교류보다는 중국이나 러시아에 의존해 배급제를 복귀하고자 시도했다. 그만큼 배급제는 북한주민이 수령을 떠받들게 할 수 있는 유일한 길이었다.

북한당국은 종합시장이 국가를 대신해 주민들 스스로가 생계를 유지할 수 있는 순기능적인 역할을 하기를 기대했으나 돈과 자유, 자본주의 문물의 유입이라는 역기능이 훨씬 강하게 작용하고 있음을 절감했던 모양이다. 실제로 종합시장에는 없는 게 없었다. 시장 내의 책방에서는 불법서적들이 팔렸고 공산품 밑에 감춰둔 불법 CD알(영화, 드라마, 음반)이 성행했다. 무엇보다도 당과 국가, 수령은 북한주민을 먹여 살리지 못하지만 돈이 먹여 살린다는 인식이 팽배해졌다.

2014년 서울대 평화연구원 대외정책연구 영역에서 탈북민을 조사한 자료에 따르면 북한에 있을 당시 시장 활동에 참여했다는 비율이 무려 86%, 소득 중 시장을 통해 번 소득은 70% 이상을 차지했다. 시장에 지출하는 비용은 90% 가까이 되었으며 시장에서 장사 활동을 직접 경험한 비율이 74.4%이다. 또한 경제체제 선호도 조사에서 자본주의 시장경제를 지지한다는 응답률이 75.1%, 사회주의 경제제도를 지지한다는 응답률이 14.2%로 대부분의 북한 주민들이 종합시장을 통해 살아갈 뿐 아니라 시장경제 제도를 지지하고 있음을 알 수 있다.

노무현정부는 한반도의 평화증진과 공동번영 추구를 위한 평

화번영정책을 내세웠다. 김대중정부의 대북화해협력정책을 계
승한다고 공식 천명하고 통일의 달성 과정뿐 아니라 통일 후의
문제까지도 포괄하는 적극적인 입장을 취했다. 국제적으로 불
거진 북한의 핵문제를 해결함과 동시에 한반도의 평화체제를 구
축하고 나아가 동북아의 경제 중심의 국가건설 전략을 추진하였
다. 한반도의 평화증진과 남북한 및 동북아의 공동번영을 목표
로 1. 대화를 통한 문제 해결 2. 상호신뢰 우선과 호혜주의 3. 남
북 당사자 원칙에 기초한 국제협력 4. 국민과 함께 하는 평화번
영정책을 제시하였다. 2007년 10월에 열린 남북정상회담에서 남
북관계 발전 및 평화번영을 위한 10.4 선언이 마련되었다. 이에
따라 남북한은 상이한 체제에 대한 상호존중을 토대로 제 영역
에서 통일을 위한 공동사업을 추진하기로 하였다.

하지만 김정일은 내부적으로 군인들에게 남북 간에 화해 물결
이 일면 일수록 철통같은 무장력과 강철 같은 정신력을 갖추고
만약의 사태에 대비해야 한다고 지시했다. 2005년 1월 18일 라
이스 미 국무장관 지명자가 인사청문회에서 북한을 '폭정의 전초
기지(Outposts of Tyranny)'라고 비난한 직후 북한은 외무성 성명
을 통해, "핵무기는 어디까지나 자위적 핵 억제력으로 남아 있을
것", "핵 무기고를 늘이기 위한 대책을 취할 것"이라고 발표했다.

1차 핵실험을 실행하기 5일 전인 2006년 10월 3일 외무성은 "절대로 핵무기를 먼저 사용하지 않을 것, 핵무기를 통한 위협과 핵이전을 철저히 불허 할 것", 핵무기는 "한반도에서 전쟁을 막는 믿음직한 전쟁 억제력"이라는 성명을 발표했다. 북핵 문제는 노무현정부의 남북관계 진전 의지를 실현하는 데 발목을 잡았다. 2005년 유럽연합은 유엔에 북한인권결의안 제기하고 이를 채택해 북한과의 관계가 소원해졌다.

2007년에 개정된 교육과정에서 도덕교과에 반영된 통일교육은 '바람직한 통일'의 모습을 제시했다. 북한을 협력과 이해를 필요로 하는 우리의 형제로, 남북한이 한민족임을 강조했다. 또한 '평화교육'에 상당한 강조점을 두고 있음을 확인할 수 있다. 통일부의 2007년 통일교육기본계획을 살펴보면, 기본 추진 방향의 제1항에 '평화공존 시대를 여는 평화교육의 강조'를 제시하면서, 중점 추진 과제의 첫 항도 '남북협력 및 평화정착에 기여하는 평화교육의 제도화 추진'으로 제시하고 있다. 이를 통해 학교 교육과정에 평화교육 내용의 반영을 추진하였다.

(3) 이명박정부

북한은 2005년부터 종합시장에 대한 반 시장 조치로 강경정책을 취하고 있었다. 이명박정부가 출범한 2008년 11월에는 매일 장으로 열리던 종합시장을 10일에 한번 열리는 10일장으로 전환하고 종합시장을 폐지하고 농민시장으로 전환한다고 밝혔다. 여기서 잠깐 북한의 농민시장에 대해 살펴보자. 해방 후, 북한은 도시와 농촌에서 매일 열리는 상설시장을 '인민시장'으로 개편하였다가 1958년 '사회주의국가'를 선포하면서 인민시장을 '농민시장'으로 전환했다.

사회주의국가란 공산당(조선로동당)이 국가를 식민화하는 당-국가 시스템을 의미한다. 그런데 중앙집권적인 계획경제를 실시하는 사회주의국가가 주민들이 요구하는 모든 물품을 공급하기에는 한계가 있다는 점에 착안해 농민시장을 없애지 말고 두어야 한다고 판단한다. 국가가 공급하지 못하는 일부 물품에 한해 시장을 통해 공급받도록 하자는 취지이지만, 사회주의 체제의 근본적인 입장에서 볼 때 시장은 돈이 오고 가는 '자본주의의 온상'으로 장차 없어져야 할 대상이다.

따라서 시·군·구역에 존재하는 여러 개의 시장을 1~2개 정도로 축소하고 도심에 있던 시장을 변두리로 옮겨 주민들이 물리적으로 쉽게 접근하지 못하게 만들었다. 또한 상설시장을 10일 장으로 운영하는 조치를 내놓아 절대적인 시장 운영 시간을 축 소함으로써 주민들이 시장을 잊고 살도록 유도해 갔다. 농민시 장에서 허용되는 물품도 정해졌는데 주로 가축(닭, 토끼), 남새(야 채), 곡물(국가에서 배급하는 쌀이나 옥수수 제외), 소소한 물품(목장 갑, 비자루) 등으로 제한했다.

1960년대 중공업 우선 발전 노선에 따른 농촌 수탈이 강화되 고, 중공업 및 군수산업에의 과도한 집중과 왜곡된 자원 배분으 로 인민생활 소비재의 절대 부족 현상이 초래되었지만 소비를 억제하자는 의도에서 출발한 적은 월급과 변두리에 10일장으로 열리는 농민시장은 부족한 재화의 공급원으로 작용하지 못했다. 1970년대 들어 당국은 농촌에 대한 도시의 수탈, 지방에 대한 수 도의 수탈을 강화해 생필품 악화 현상이 지방과 농촌에서 심각 하게 나타났다. 그러자 변두리의 농민시장이 활성화되기 시작했 다. 꼭 필요한 물품을 시장에서라도 얻고자 하였기 때문이다.

1980년대 생필품 부족 현상은 도시와 농촌, 수도와 지방 할 것 없이 더욱 심화되었다. 국영상점으로 운영되는 공업품상점이나 식료품상점이나 할 것 없이 텅텅 비어 있었다. 1970년대부터 상 부에서부터 하부까지 부패가 만연되기 시작하는데, 특히 상업 및 유통망을 중심으로 심해졌다. 국가배정상품을 빼돌려 암시장에 파는 상황이 독버섯처럼 번지고 있었다. 양말이나 신발 같은 공산품이 국영상점에는 없지만 농민시장이나 암시장에는 있었다.

한편 1959~1989년까지 북송된 재일교포(9만3천명)들은 생필품 부족을 견디다 못해 일본의 친인척들에게 생필품을 요구하게 되고, 적지 않은 공산품이 북한으로 유입된다. 또 러시아에 파견된 벌목공들과 중국의 조선족 여행자들도 한결같이 공산품을 유입했다. 함께 외화도 반입되어 암시장을 더욱 확산시키고 있었다. 당국은 외화상점을 설치하고 '외화와바꿈돈표'를 발행하였다.

1995~1998년 '고난의 행군' 시기 길거리에는 '메뚜기시장'과 같은 크고 작은 장마당들이 주민들의 자발적인 의지에 따라 무질서하게 설치되었다. 식량 해결 위한 생계형 장사가 주를 이루고 음식물, 곡물 그리고 약간의 생필품 위주로 거래되었다. 당시의 상황은 북한의 공식 발표(DPRK, CoreDocument Forming Partof The Reportsof Parties, 24 Jun 2002)로 확인할 수 있다. 1993년 북한의 GDP가 209.4억 달러였으나 1999년 102.7억 달러로 절반으로 감소하였다.

북한 주민들이 스스로 노력해 형성된 장마당을 당국이 수용하여 종합시장으로 개편하더니만 갑자기 과거로 회귀하여 농민시장으로 전환하겠다고 선언하니 주민들은 말문이 막혔다. 과거의 농민시장은 쌀 배급이 정상적으로 이루어질 때의 조치였으나 국가가 아무런 조치도 취하지 않고 종합시장을 폐지하고 농민시장으로 전환하는 것은 많은 상인들의 반발을 불러왔다.

그러나 시장억제 정책에도 별다른 효과를 내지 못하자 북한당국은 2009년 12월 화폐개혁을 실시하고 시장 자체를 철폐했다. 1인 10만원까지의 구화폐를 신화폐로 바꾸어준다는 비상식적인 화폐개혁이었다. 통제가 불가능한 시장을 장악하고 시장상인들수중에 들어가 있는 돈에 대한 불안감에 따른 조치였다. 공식적으로는 종합시장에서 유래하여 확대된 빈부격차 줄이기 위한 조치라고 했다. 북한 주민들은 당국의 배신에 치를 떨었다. 화폐개혁 후, 주민들은 북한화폐 불신했다. 시장에서는 주로 미국, 중국, 유럽 화폐가 통용되고 북한화폐는 작은 규모로 통용되지 않는 현상이 지속되었다.

대외적으로는 부시 정부의 이라크 전 상황 악화로 인한 중간선거 패배가 대북 강경정책 수정을 가져왔다. 2007년 초 북미 간 양자 접촉이 이루어지고 2.13 합의에 서명했다. 제네바합의에 비해 좀 더 구체적이고 진일보(영변 핵시설 폐쇄와 불능화 선결조치, 북의 모든 핵시설 신고 명시, 북한 초기조치에 중유 5만톤 상응한 에너지 제공,

불능화 이후 나머지 95만 톤 중유 제공, 추후 양국 간 관계 개선은 핵시설 신고가 이루어지면서 진행될 것이라는 점도 명확히)했다. 그러나 북한은 12월 말까지 약속한 핵시설 신고를 이행하지 않았다. 영변 핵시설 폐쇄를 내세워 미국에 적성국 명단 제외와 적성국 교역법 해제를 촉구했으나 부시 행정부는 단호했다. 불능화와 더불어 완전하고 정확한 핵시설의 신고, 우라늄 프로그램 및 핵무기 관련 물질과 핵 이전 관련 일체의 활동에 대한 신고를 구체적으로 요구했다. 2008년 6월 북한은 핵 신고서를 제출하고 미국은 테러지원국 해제를 의회에 통보했다. 그러나 2.13합의 7개월 넘긴 시점에서 신고한 내용의 검증과 3단계 핵 폐기를 위한 후속조치 문제로 서로가 완전히 불신하는 관계로 악화되었다.

이명박 정부는 김대중 및 노무현 정부와는 그 이념적 성향과 대북 정책의 지향점에서 확연한 차이점을 보여주었다. 김대중 정부의 대북포용정책과 노무현 정부의 평화번영정책에 대한 비판적 검토 후 기본적으로 신기능주의적인 '억제'정책으로 수렴한다. 이명박정부의 정책은 상호주의를 원칙으로 북한이 핵을 포기하고 개방에 나서면 대북투자를 통해 북한의 1인당 국민소득을 10년 후 3000달러로 끌어올린다는 '비핵·개방·3000구상'으로 대표된다. 북한에 대한 강제와 압력이 효과를 볼 것이라는 것을 전제로 한 정책이다.

이 시기에는 남북한 모두가 남북관계를 대미관계의 종속 변수로 간주하는 가운데 돌발 변수들이 등장해 남북관계는 나날이 악화일로를 걸었다. 그런 가운데서 한편으로는 '실용과 생산성'에 기초한 '상생·공영'의 남북관계 발전을 추구해 한반도 평화통일의 실질적 토대를 확충해 나가려 했다.

북한은 2010년 4월 21일 '조선반도와 핵'이라는 제목의 외무성 비망록 통해, "핵보유국과 야합하여 우리를 반대하는 침략이나 공격 행위에 가담하는 경우 핵무기를 사용하거나 핵무기로 위협할 수 있다"고 했다. 2010년 7월 24일 한미연합군사훈련에 대해 "직접적인 군사적 도발 책동에 매달리고 있는 조건에서 그에 대응하여 핵 억제력에 기초한 전면적인 보복조치가 취해질 수 있다"고 주장하면서 긴장을 조성하였다.

2009년에 개정된 교육과정에서 통일교육은 통일의 필요성을 강조하는 것이었으나 2010년 3월 26일 천안함 침몰 사건, 2010년 11월 23일 연평도 사건이 발발했다. 이명박 정부의 통일교육은 김대중-노무현정부의 지난 10여 년간의 통일교육에 대한 비판에서 출발한다. 「2008 통일교육기본계획」에서 통일교육의 내용 보완을 분야별로 요구했다. 학교 통일교육은 도덕·사회과 및 범교과·재량활동, 계기별 행사 등을 통해 청소년 통일의식 함양을 도모하는 데 중점을 두고 추진된다고 밝혔다. 청소년의 통일문제에 대한 관심을 제고하고 건전한 통일관을 확산하기 위한 노력을 보다 더 내실화 할 것을 강하게 주문했다. 무엇보다 "통일 환경과 북한실상에 대한 객관적이고 사실적인 교육을 통해 미래지향적 통일관, 건전한 안보관, 균형 있는 북한관 확립시키겠다"는 것이었다.

(4) 박근혜정부

2012년 초, 김정은 정권이 출범했다. 북한당국은 2012년을 김일성 탄생 100돌로 기념하며 그 선물로 '강성대국'의 해로 만들어 주겠다고 주민들에게 공언했다. 배급제로 환원한다고 반시장정책과 화폐개혁까지 단행한 북한당국은 주민들의 불만을 잠재우기 위해 2012년이면 모든 고생이 추억으로 될 테니 조금만 더 허리띠를 졸라매고 참고 기다리자고 독려했다. 주민들은 또 한 번 속는 셈 치고 당국의 말대로 되지나 않을까 2012년을 기대했으나 2011년 말 김정일의 사망과 함께 북한당국의 약속은 물거품이 되어 주민들을 실망시켰다.

2012년 등장한 김정은은 할아버지 김일성의 모습과 흡사하다는 평을 들었다. 김일성이 연출했던 '인민의 어버이', '자애로운 아버지'다운 모습을 위해 체격, 걷는 모습, 헤어스타일, 의복까지도 모방했다. 그러면서도 정상국가의 이미지를 구축하기 위해 2012년 9월에는 1975년부터 실시된 '11년제 의무교육'을 '12년제 의무교육'으로 바꾸고 6년제 중등교육기관(중학교)을 3년제 초급중학교와 3년제 고급중학교로 나누었다. 2013년 3월에는 '우리식 경제관리 방법'을 선언해 김정일정권에서 억제되었던 시장 정책을 완화하고 글로벌스탠다드에 부합하려는 듯했다.

이미 시장 활동을 경험하고 시장의 돈 맛을 체험한 북한주민들은 여전히 시장에 대한 해빙과 강경 정책 사이에서 절충해 가고 있었다. 시장 통제와 이완이 반복될수록 주민들은 자신의 선호를 철저히 위장했다. 상당한 균형을 찾은 북한주민들은 국가 규율과 사적 욕망 사이에서 나름의 규칙과 질서를 만들어 가고 있었다. 시장을 통제하는 통제자와 시장 상인들 사이에는 서로의 '체면'을 충분히 지켜주면서도 공생하는 관계를 형성했다. 가게와 시장의 공존, 기업과 시장의 공존, 주택사유화, 생산수단의 사유화 현상들이 2010년대에 들어 대폭 증가했다.

도시의 청년들 속에서는 '돈을 잘 버는 것'이 곧 능력 있는 것으로 평가되고, 투자처를 찾아 돈을 투자해 이익을 남기는가 하면

당구장이나 사우나, 빵공장 같은 규모 있는 영업에 뛰어들었다,

집권한 지 얼마 지나지 않은 김정은은 많은 이들의 기대와는 달리 폭정을 일삼았다. 고모부 장성택 처형사건은 북한 내부뿐만 아니라 외부에도 큰 충격을 주었다. 김정은 주변의 고위직 간부들은 언제 어떻게 내쳐질지 몰라 안절부절 못했다. 뒤이어 이복형 김정남이 말레이시아에서 살해되면서, 김정은은 패륜아의 모습으로 바뀌어 갔다. 그런가 하면 핵무기 사용 가능성을 대놓고 강조하면서 호전적인 측면을 강하게 드러냈다.

2013년 4월 1일에 제정된 법령에서 '적대적인 다른 핵 보유국이 우리 공화국을 침략하거나 공격하는 경우' 또는 '비핵국가(한국)가 적대적인 핵 보유국(미국)과 야합하여 우리 공화국을 반대하는 침략이나 공격 행위를 하는 경우' 핵무기 사용 가능하다는 것을 법제화하였다. 2016년 1월 6일, 수소탄 실험에 성공했다고 정부의 성명을 통해 발표하면서 "침략적인 적대 세력이 자주권을 침해"하면 핵무기를 사용할 것이라고 공언했다. 3월 7일에는 국방위원회 성명을 통해 "엄중한 상황에 대처하여, 선제공격적인 군사적 대응방식을 취하게 될 것", "이 대응방식은 보다 선제적이고 공격적인 핵 타격전이 될 것", "정의의 핵 선제 타격전은 최고 사령부가 중대 성명에서 지적한 순서대로 실행될 것"(선제

핵 공격 1순위 청와대 및 통치기관, 2순위는 아시아 태평양지역 미군 기지와 미국 본토 의미)이라고 했다. 2017년 1월 1일 신년사에서는 "핵무력을 중추로 하는 선제공격 능력을 계속 강화해 나갈 것"이라 했고, 총참모부는 대변인 성명에서는 "미국의 예방전쟁 징조가 나타나면 그 즉시 미국 본토를 핵전쟁 마당으로 만들어 버릴 것"이라고 호언했다.

북한의 핵실험 일람표를 살펴보자. 1차 핵실험은 2006년 10월 9일에, 2차 핵실험은 2009년 5월 25일에, 3차 핵실험은 2013년 2월 12일에, 4차 핵실험은 2016년 1월 6일에, 5차 핵실험은 2016년 9월 9일에, 6차 핵실험은 2017년 9월 3일에 진행했다. 그중 4회의 핵실험이 김정은 집권 후에 진행되었다는 점은 그의 광전성을 잘 보여주는 사례이다. 자유아시아방송은 북한에서 실시한 미사일 실험 중 75% 이상이 김정은 집권 후에 이루어졌다고 밝혔다.

북한과 같은 1인 독재 체제는 1인자의 성향이 남북관계, 북미 관계에서 결정적이라는 것은 잘 알려져 있다. 김일성에서 김정일로, 김정일에서 김정은으로 세습되면서 남북관계는 진전되는 듯하다 다시 후퇴하기를 반복해 왔다. 그 기저에는 남과 북 사이, 미와 북 사이의 신뢰가 절대적으로 부족하다는 원인이 존재한다. 한반도포럼(2013)에서는 이전의 대북정책이 극에서 극으로 이동하는 단절적 양상에 대한 우려의 목소리가 높아졌다. 대북정책의 단절은 북한으로 하여금 정책 변화를 위해 선거에 개입하거나 신정부의 출범 직후 압력을 행사하려는 유혹을 갖게 한다. 장기적인 관점에서 대북정책의 효율성을 제고하기 위해 일관성 있고 지속가능한 대북정책을 수립해야 할 필요성이 대두되었다.

박근혜정부의 한반도 신뢰 프로세스는 튼튼한 안보, 신뢰, 그리고 균형이다. 출발점은 튼튼한 안보이다. 북한의 핵과 재래식 무기의 위협에 강력하고 신뢰할 만한 억지력을 강화하고, 억지가 실패할 경우에는 국제사회와의 협의 하에 모든 정책수단을 강구한다는 것이다. 2014년 1월, 박근혜대통령은 신년 내외신 기자회견에서 '통일대박론'을 제시하고 동년 3월 독일통일의 상징인 드레스덴에서 '한반도 평화통일을 위한 구상'을 주제로 연설했다. 2014년 7월 14일, 대통령이 위원장, 통일부장관이 정부 측 부위원장, 정종욱 전 주중대사를 민간 부위원장으로 하여 학계, 시민단체, 여야 의원 등의 위원으로 구성된 통일준비위원회를 대통령 직속위원회로 설치하였다.

2015년 개정된 교육과정에는 올바른 통일 준비와 방법에 대한 내용을 수록하였다. 통일교육의 지도 방향은 1. 통일교육의 목표 2. 통일교교육의 주안점, 3. 통일교육의 지도방법, 4. 학교급별 통일교육의 지도방향이었다. 2016년의 간행된 새로운 통일교육 지침서에는 Ⅰ. 평화·통일교육의 목표 Ⅱ. 평화·통일교육의 중점방향 Ⅳ. 평화·통일교육의 방법으로 각각의 독립된 장으로 구성되고 기존 통일교육의 지도방법과 학교급별 통일교육 지도 방향은 사회 통일교육과 학교 통일교육의 방법을 통합하여 평화·평화 통일교육의 방법으로 재구성했다. 건전한 안보의식 제고, 균형 있는 북한관 확립과 평화통일의 실현 의지 함양, 평화의식 함양, 민주시민의식 고양이 추가되었다. 가장 큰 변화는 중점과제이다. 2016년 통일교육의 주안점은 통일문제에 대한 관심 제고 및 통일의지 확립, 한반도 통일시대를 위한 통일준비 역량 강화, 자유민주주의 가치에 대한 확신 및 민주시민의식 함양, 민족공동체를 형성하기 위한 노력, 국가안보의 중요성 인식, 북한 실상에 대한 올바른 이해 등이었다.

통일교육 내용체계는 1. 통일문제의 이해(통일문제의 성격, 분단의 배경, 분단의 폐해, 대한민국의 발전과 통일의 역량, 통일의 필요성, 통일비용과 편익, 통일의 기본구상, 통일국가의 미래상), 2. 북한 이해(북한에 대한 인식, 북한의 정치와 외교, 북한의 군사 및 핵개발, 북한의 경제, 북한의 사회·문화), 3. 통일 환경의 이해(국제정세의 변화, 통일 환경 변화에 대한 대응), 4. 통일정책(우리의 통일방안, 역대 정부의 평화 통일 노력, 박근혜정부의 통일·대북정책), 5. 통일을 위한 과제로 구성되었다. 이런 구성은 통일교육지침서가 발간된 2000년부터 2007년까지 수정·보완되어 2008년 이후부터 통일되어 왔다. 또한 통일교육지침서의 통일문제의 성격, 분단의 배경 등 각 주제에 '이 주제를 다룰 때의 지도방향'을 제시하여 '원론적인 해설'에 충실했다.

3. 통일교육과 보훈교육의 조화

1) 문재인정부의 평화·통일교육

2017년 5월, 문재인 정부가 출범했다. 6월 19일, 북한에 억류되었다가 미국으로 귀국한 오토 웜비어가 22세의 나이로 사망했다. 유엔안보리는 2017년에만 대북제재 결의안을 세 차례나 통과시킨다. 2397호는 원유와 해상 차단, 노동자에 관한 제재, 북한으로 유입되는 원유 총량을 400만 배럴 혹은 52만5천t으로 제한하는 조치였다. 북한이 탄도미사일을 거듭 발사하자 2356호 (북한의 기관 4곳, 개인 14명 추가 제재) 조치를 내놓았고, 대륙간 탄도미사일 발사와 관련해 2371호로써 북한의 원자재 수출 봉쇄 및 노동자 신규 송출 금지, 북한과의 합작 사업 신규 및 확대 금지를 결정한다.

2017년 9월 3일, 북한은 수소탄 실험이 역대 최고 위력의 핵실험으로 "수소탄 1차계의 압축기술과 분열연쇄반응시발 조종기술의 정밀성을 재확인했으며 2차계 핵물질이용률이 설계에 반영한 수준에 도달했다는 것이 다시금 실증됐다"고 발표했다. 이번에는 중국 정부가 "결단코 반대하고 강력히 규탄한다"는 성명을 발표했다. 신화통신은 "북한이 국제사회 전체의 반대를 도외시하고 재차 핵실험을 감행한 것에 결단코 반대하고 강력히 규탄한다. … 중국은 국제사회와 함께 안보리 대북제재 결의를 전면적이고 완전하게 이행하고 한반도 비핵화의 목표를 흔들림 없이 추진하며 한반도의 평화 안정을 지켜나갈 것"이라고 경고했다.

2017년 상반기까지도 유엔안보리 제재의 실효성이 적었으나 2017년 8월과 11월 대륙간탄도미사일(ICBM) 시험 발사, 9월의 6차 핵실험을 계기로 채택된 제8차, 9차, 10차 유엔안보리 대북제재 결의부터는 북한에 큰 타격을 주었다. 북한의 광산물, 섬유제품, 수산물 수출은 전면 금지되었고 북한 노동자의 고용도 막혔다. 연간 유류 공급량이 제한되면서 결과적으로 북한의 대외 수출이 90% 넘게 감소하면서 무역 외의 외화 수업도 급감하였다.

한편 미 재무부는 2018년 3월 1일, 북한과 관련된 해외 55개 기업, 선박 등을 제재 명단에 추가하였으며, 북한 관련 '국제운송주의보'를 내려 역대 최고 수위의 제재를 결정했다. 또한 '대통령 행정명령 13687호, 13722호, 13810호' 이행을 통해 미국의 행정력이 미치는 곳에 있는 북한 정부와 조선노동당의 재산, 이권을 모두 차단하고 정부의 허가를 받지 않는 미국인들의 대북거래를 금지한다. 구체적인 분야는 북한과 관련한 행정실무 및 절차, 항공기, 금융, 자산차단, 외교공관, 외국금융기관, 대외무역, 수입, 의료서비스, 비정부기구, 특허, 서비스, 통신, 유엔, 선박 등 16개 분야였다. 일본은 독자 제재 조치를 취했다. 1차 핵실험 이후 15년간 독자 제재 기한을 정하고, 2006년, 수입 및 수입 관계 선박의 입항을 금지하거나 국한했으며, 2009년, 수출을 금지하는 조치를 추가했다. 2016년, 수출입 전면 금지, 북한 선박 및 기항 경력 선박의 입항을 불허하면서 비핵화 및 탄도 미사일 폐기가 구체화되지 않고 일본인 납치 문제도 해결되지 않는 현실 반영해 2021년 4월 13일까지의 대북 제재 조치를 2년 연장했다.

국제사회에서 북한의 고립은 극으로 치닫고 있었다. 2017년 하반기부터 북한의 일반 주민들도 엄청난 실제적인 제재가 진행되고 있음을 피부로 느끼고 있었다. 2018년 김정은은 여섯 번째 신년사를 통해 평창올림픽의 성공적 개최를 희망하고 대표단 파견을 바란다는 입장을 내놓았다. 국제적인 제재 속에서 한·미 공조의 틈새를 공략하고 우회적으로 평화를 언급한 것이다. 4월 27일 남북정상회담이 개최되고 '판문점선언'을 발표했다. 한반도에 새로운 평화의 시대가 시작되었음을 세상에 알리는 감격적인 순간이었다. 이어 6월 12일, 싱가포르에서 역사상 처음으로 북미정상회담이 극적으로 개최되었다.

하지만 2019년 2월 27~28일의 하노이 북미정상회담이 끝내 북미 간의 불신을 극복하지 못한 채 결렬되면서 남북관계도 교착상태에 빠졌다. 미국과 북한은 '한반도 비핵화' 셈법이 각자 달랐다. 미국은 그랜드바겐 전략이었으나 북한은 step-by-step 전략을 통해 체제 보장과 동시에 경제적 보상을 받으려는 '단계적·동시적' 전략의 입장이었다.

북한의 전략을 미국이 수용하도록 하는 중간자적 역할을 문재인정부에 크게 기대하던 김정은은 분단 이후 처음으로 남한정부의 대통령이 평양시민 앞에서 연설하게 하는 담대한 양보를 하였다. 그러나 그 역할이 여의치 않다고 판단되자 2020년 6월 16일에는 남북관계의 단절 선언과 동시에 그 상징인 남북연락사무소를 폭파했다. 2020년 9월 22일 해양수산부 소속 공무원을 총격으로 사살하는 불미스러운 사건이 발생했다. 그럼에도 문재인정부는 한미훈련까지 중단하고 평화를 강조하고 종전이 선언되기를 추구했다.

하노이회담 결렬 이후 북한은 최근까지 18회의 미사일 실험을 강행했다. 판문점선언이 무색해졌다. 오늘날 북한의 핵과 미사일은 남북관계를 일시에 삼켜 버리는 블랙홀이 되어 버렸다. 남북관계는 북핵이라는 독립변수에 휘둘리는 종속변수에 불과해졌다.

2020년 초부터 불거진 COVID-19 사태는 북한의 셀프(self) 봉쇄 전략에 좋은 구실을 주었다. 북중 국경은 휴전선과 같은 수준으로 봉쇄되었다. 중국과의 공식, 비공식 물물교역을 완전히 차단하였다. 북한 주민들의 삶은 극도로 황폐해졌다. 시장에는 중국에서 수입되던 식료품이나 공산품이 말라갔다. 식용유 가격이 6배로 폭등하여 연간 식용유를 한 방울도 섭취하지 못했다는 주민들이 대대적으로 속출했다. 그럼에도 당국은 코로나를 핑계로 봉쇄를 풀지 않았다. 그러고는 북한 내에는 코로나환자가 1명도

발생하지 않았다고 연일 선전했다. 그러나 결국 2022년 4월 25일 2만 명 이상이 참가한 대규모 야간 열병식을 계기로 일일 최대 30만 명 대 후반으로 코로나 환자 발생이 급증했다.

김정은은 COVID-19 비상사태 속에서도 미사일 실험을 강행하고 발사 과정을 뮤직비디오로 만들어 조선중앙TV로 방영했다. 김정은에게 핵과 미사일은 모든 것에 앞서는 최대 목표가 되어 해를 거듭할수록 이에 매달리고 있다. 북한의 평화는 곧 '핵에 의존하는 평화'이기 때문이다.

북한이 주장하는 평화는 비평화적인 요소를 제거하는 것으로 문재인정부의 평화와 결이 다르다. 한반도에서 가장 중대한 비평화적인 요소는 미군의 존재이다. 미군을 주둔시킨 미국이야말로 한반도의 평화를 깨는 장본인이며 전쟁을 일으킬 수 있는 주요 원인이라고 평가한다. 따라서 미군이 철수하는 것은 한반도의 평화를 가져다주는 근본 대책이라고 주장한다.

미국과 유엔안보리의 대북제재도 비평화적인 요소에 해당한다. 미국의 '반공화국 고립 압살 책동'으로 "유례없는 시련과 난관에 부닥치게 되었으며 정면으로 맞서 제국주의 침략 세력의 집중공세를 맞받아 나가지 않으면 안 되는 상황"에 이르게 되었다고 선전하고 있다. 또한 "평화는 오직 힘에 의해서만 담보된다.

평화를 깨뜨리는 근원이 전쟁에 있기 때문이다. 법으로 확약했다 하여 지켜지는 것이 평화가 아니며 스스로 영구중립을 자처한다고 하여 지켜지는 것이 평화가 아니다."라고 발언하여 국제법이나 확약에 의한 평화에 불신을 드러냈다.

김정은에게 핵과 미사일은 '강력한 자위적 힘', '평화수호의 강력한 보검'이 되었다. 2012년 김일성탄생 100돌 행사에서 "자기를 지킬 힘이 없었던 탓으로 사대와 망국을 숙명처럼 감수해야만 했던 비참한 식민지 약소민족이 바로 한 세기 전 우리 민족의 모습이었습니다.", "두 자루의 권총으로부터 시작하여 제국주의 침략자들을 전율케 하는 무적 강군으로 자라난 우리 군대의 역사는 세계의 군 건설사에 전례 없는 것입니다. 군사 기술적 우세는 더는 제국주의자들의 독점물이 아니며 적들이 원자탄으로 우리를 위협 공갈하던 시대는 영원히 지나갔습니다."라고 힘을 과시하는가 하면, 2016년 5월에 개최된 제7차 조선노동당대회 보고에서 "우리가 자주권과 생존권을 지키기 위해 핵무기는 물론 그보다 더한 것도 가지게 되어 있다는 것을 명백히 말해 주었다"고 강력한 발언을 했다. 이후에는 "통일은 구걸해서 이루는 것이 아니라 핵보유국, 군사강국이 되면 스스로 이루어지는 것"이라고 호언했다.

문재인 정부는 기존의 통일교육을 평화·통일교육으로 전환했다. 이는 평화 감수성과 평화의식 고취를 핵심내용으로 하고 있다. 이를 강조하는 측면에서 평화·통일교육의 목표는 통일의 실현 의지 함양, 건전한 안보의식 제고, 균형 있는 북한관 확립, 평화의식 함양, 민주시민의식 고양으로 정했다. 중점 방향은 다음과 같다: "1. 통일은 우리 민족이 지향해야 할 미래이다. 2. 한반도의 통일은 민족문제이자 국제문제이다. 3. 통일을 위해서는 남북한의 주도적 노력과 함께 국제사회의 지지와 협력이 필요하다. 4. 평화는 한반도 통일에 있어 우선되어야 할 가치이다. 5. 통일은 튼튼한 안보에 기초하여 평화와 번영을 구현하는 방향으로 추진되어야 한다. 6. 북한은 우리의 안보를 위협하는 경계의 대상이면서 함께 평화통일을 만들어 나가야 할 협력의 상대이다. 7. 북한에 대한 이해는 객관적 사실과 인류 보편적 가치 규범에 기초해야 한다. 8. 북한은 우리와 공통의 역사전통과 문화 언어를 공유하고 있다. 9. 남북관계는 통일을 지향하는 과정에서 잠정적으로 형성되는 특수관계이다. 10. 남북관계는 기존의 남북합의를 존중하는 방식으로 발전되어야 한다. 11. 남북관계 발전을 위해 화해협력과 평화공존을 위한 노력이 필요하다. 12. 통일을 위해 구성원 모두의 자유 인권 평등 복지 등 인류 보편적 가치를 추구하는 국가를 건설해야 한다. 13. 통일은 한반도뿐만 아니라 동북아시아 및 세계의 평화와 발전에 이바지할 수 있어야 한다. 14. 통일은 점진적이고 단계적인 방식으로 이루어져야 한다. 15. 통일은 국민적 합의를 바탕으로 추진해야 한다."

평화·통일교육의 내용은 1. 분단의 배경과 통일의 필요성 2. 북한 이해 3. 통일의 과정과 미래상이다. 평화·통일교육의 방법으로 1. 학습자 특성에 맞는 통일교육 2. 인지 정의 행동적 영역을 포괄하는 통합적인 통일교육 3. 학습자 중심의 통일교육 4. 흥미와 관심을 증진하는 다양한 방법의 활용을 제시하고 있다.

2) 통일교육과 보훈교육의 조화

북한의 보훈은 희생자가 많았던 6.25전쟁('위대한 조국해방전쟁') 참전자들에게 초점이 맞추어져 있다. 그 내용도 미제국주의와 '남조선괴뢰군'에 대한 적개심을 고취하는 것으로 구성되어 있다. 평시에도 군복무 유공자들이 대거 발생한 점에 대해 미국의 북한에 대한 고립정책에 맞서 용감히 싸우는 과정에서 오는 희생으로 묘사하고 있다.

보훈은 북한 내의 '적대세력'과 그 가족들에게 가해지는 제재를 전제하고 있다. '계급적 원수의 본성은 절대로 변하지 않는다'는 명제 하에 국가를 위해 희생한 주민들은 '믿을 수 있는 자'로 분류하고 그렇지 못한 주민들은 '믿을 수 없는 자'로 분리했다. '믿을 수 없는 자'에게는 제재 정책을, '믿을 수 있는 자'에 대해서는 보상정책을 펴고 있는 것이다.

사회주의 종주국이었던 구소련과 동구사회주의권 국가의 연쇄 붕괴, 김일성 사망 등의 일련의 사태 이후 우리의 통일교육은 체제경쟁에서 승리했다는 자신감을 바탕으로 북한 역시 머지않아 '붕괴'되거나 체제전환 할 것이라는 전제하에 '민족공동체' 교육으로 전환되었다고 할 수 있다. 이것은 북한을 '적'으로 간주하는 인식에서 벗어나 그들을 '하나의 민족'으로 보고 품으려는 진일보한 모습이었다.

하지만 북한은 1990년대의 위기를 넘기고 2000년대에 들어서자 김정일 1인 체제 유지에 초점을 맞추어 과거로의 회귀를 꾀하였다. '고난의 행군'으로 말미암아 잠시 주춤했던 핵개발을 재개하고 더욱 수세적인 태도를 떨치고 공격적인 태세를 갖추었다. 2010년대 김정은 정권 출범 이후, 핵실험과 미사일 시험발사 횟수가 훨씬 늘어나고 그 강도 역시 세졌다. 체제경쟁에서 완전히 실패한 지 30년도 더 되었으나 아직까지도 경쟁을 고집하고 있어 고질적인 경제난과 국제적인 고립, 주민들의 민심 이탈은 더 더욱 심해지고 있다. 2017년 말레이시아에서 사망한 김정남은 "개혁과 개방을 하면 북한지도부가 망하고 개혁개방을 하지 않으면 북한이 망한다"고 언급했다.

통일의 주체로서 그려내는 미래의 통일한국은 1민족 1국가 1 체제 1정부의 모습이다. 이는 곧 북한에 자유민주주의와 시장경제 제도가 확산되어 인류보편적인 제도를 수립하는 것을 의미한다. 따라서 통일교육의 가장 중요한 내용은 자유민주주의 체제에 대한 확고한 신념이라고 할 수 있겠다. 오일환은 국가보훈의 내용을 통일교육의 지향점으로 삼아야 한다고 지적한다. 정경환은 국가보훈과 통일교육의 상관성을 구축하기 위해서는 다른 어떤 영역보다도 국가의 정체성 또는 정통성에 대한 확고부동한 신념체계를 가지고 있어야 한다고 지적한다.

현실을 바꾸려면 현실을 인정하는 것에서 시작해야 하지만 북한은 주민들의 현실적인 어려움의 원인을 1인 체제에서 찾기보다는 '미제국주의의 반공화국 고립 압살 책동'으로 돌린다. 1인 체제를 유지해야 하는 지도부와 개혁개방을 원하는 주민들 사이의 실제적인 딜레마를 외면하고 '반미 자주화'와 '남북통일'이 직결되어 있다는 고리타분한 논리를 수십 년간 펴고 있다. 지도부의 공식적인 발언과 주민들의 비공식적인 바람이 일치하지 않는 이중구조를 가진 북한을 통일의 대상으로 하고 있는 우리의 통일교육이 북한 지도부의 눈치를 보는 교육으로 진행될 필요가 없다고 본다. 21세기 북한 지도부는 인류의 보편적인 발전 방향인 자유민주주의와는 정반대의 길인 전근대적인 군주제를 더욱 강화하고 있기 때문이다.

따라서 통일교육은 자유민주주의 체제 수호를 철저히 염두에 두어야 하며 이를 위해서는 자유민주주의 체제를 수호하기 위해 희생한 국가유공자의 정신을 기리는 차원의 보훈교육을 강화하고 그 바탕 위에서 통일교육과의 조화를 이루어내야 할 것이다.

4. 나가며

북한은 2500여만 명이 살고 있는 작지 않은 국가이다. 분단 이후부터는 아니더라도 1990년대 이후 30여 년간의 북한의 행보를 살펴보면 국가의 존속 목표가 1인 체제 유지로 전락된 것은 주지의 사실이다. 그 사이 대한민국의 정부도 수차례 바뀌었다. 한때는 북한을 포용하고 활발한 경제·기술 협력을 진행하고 아낌없는 인도적 지원을 실시하면 연착륙의 체제 전환을 이루어낼 수 있으리라는 희망도 있었다. 30대 초반의 젊은 지도자 김정은이 집권할 시에는 그의 어린 시절 유학 경험이 세계 보편적인 체제, 정상국가로의 전환을 가져올 수도 있겠다는 꿈을 꾸기도 하였다.

우리 사회가 북한이라는 존재로 인하여 분열하고 대립하는 것은 북한의 이중구조, 즉 지도부와 주민의 이해관계가 대립하기 때문이다. 시간이 흐를수록 상-하부 구조 간의 긴장관계와 공식-비공식 사회 간의 갈등 관계는 더욱 악화되는 양상이 되었다. 이에 북한지도부의 외부에 대한 공격성과 내부에 대한 폭정은 날로 심해지고 있다. 그러나 인류 사회의 합법칙적 발전 과정은 전근대적인 군주제가 붕괴하고 주민의 자유와 민주주의가 보장되는 사회가 반드시 도래한다는 것이다. 따라서 우리의 통일교육은 통일의 대상인 북한의 작동원리를 파악하고 우리의 사회통합을 이루어내는 교육, 자유롭고 민주주의적인 체제를 소중히 여기는 교육으로 진행되는 것이 바람직하다.

보훈교과서
주요 내용과 의미

서 운 석 _ 보훈교육연구원 책임연구원

1. 보훈문화 확산을 위한 보훈교육의 의미와 내용

보훈이란 국가유공자의 애국정신을 기리어 나라에서 유공자나 그 유족에게 훈공에 대한 보답을 하는 일이다. 이렇듯 보훈의 본질은 국가를 위해 희생하거나 공헌한 사람들에 대한 보답이다. 더 나아가 보훈은 나라를 위한 헌신이 명예롭고 존중받는다는 확고한 믿음을 가지게 함으로써 국가공동체의 영속적 발전을 위한 정신적 가치를 확산하는 중요한 역할을 한다. 이런 정신적 가치는 보훈문화와 연결된다(김종성, 2017; 국가보훈처, 2021).

보훈문화란 국가유공자와 유족의 기억이 사회적 기억으로 전환되고, 그에 대한 감사와 추모의 문화가 일상화되는 것을 의미한다. 보훈문화의 확산을 통해 우리는 국가유공자의 희생에 내재화된 국가정체성과 연대의식, 민주시민의식을 계승하고 확대해야 할 책임이 있다. 또한 국가와 사회를 위한 희생과 공헌에는 반드시 그에 상응한 국가적 예우와 보답이 따른다는 것을 알려 사회 내 공정성을 제고할 수 있다. 따라서 보훈문화 확산은 국가유공자들의 명예와 공훈을 드높이고 그 정신을 기릴 수 있는 교육·홍보 등에 중점을 두어 실시하고 있다(서운석, 2016; 서운석, 2021).

일제강점기부터 6·25전쟁, 군사독재 등 근현대사에 있어 숱한 격변과 혼란을 겪어 온 우리나라는 1980년대에 이르러 비로소 경제·사회적으로 안정과 성장의 기틀을 다지게 되었다. 이에 따라 지난 역사에 대한 성찰과 안정적인 국가발전을 위한 국가 목표, 철학 등을 정립·실행할 수 있는 여유와 역량을 갖추게 되었다. 그리고 그동안 국가 위기상황 속에서 나라를 위해 희생, 공헌했던 국가유공자들에게 더욱 적극적인 예우 및 지원정책을 시행하게 되었다. 이런 일반적인 보훈정책 발전 방향과 마찬가지로 보훈문화 확산사업 또한 1980년대 이후 본격적으로 추진하게 되었다. 이는 국가유공자와 유족에 대한 물질적 보상에 그치지 않고, 국가와 사회를 위한 공헌을 기억하고 감사하는 사회적 문화를 창달하기 위한 것이다.

독립운동이나 6·25전쟁 그리고 민주화운동 등 국가의 중요한 역사적 사건에 대해 당시 상황을 겪지 못한 젊은 세대의 경우 이를 단편적 사건으로만 인식하는 것이 현실이다. 또한 세계적 경제 위기와 개인의 존재와 가치를 중요시하는 사회 분위기의 형성, 온라인·모바일 세계의 확장에 따라 공동체 경험과 그 과정의 성취를 느끼기 어렵다. 이에 보훈문화 확산을 위한 주무부처인 국가보훈처에서는 국가와 사회를 위해 자신을 희생한 선열들의 숭고한 정신이 국민의 모범으로 기억되고 계승·발전될 수 있도록 전 국민을 대상으로 보훈문화 확산사업을 진행하고 있다. 그리고 그 대표적인 형식이 바로 보훈교육을 통한 사업이다.

보훈교육과 관련한 현행 제도 및 현황을 간략하게 살펴보면, 그동안의 보훈교육은 '독립유공자 예우법' 제3조(국가의 시책)와 '국가유공자 등 예우 및 지원에 관한 법률' 제3조(정부의 시책)에 따라 실시하였다. 그러다가 2005년 5월 〈국가보훈기본법〉이 제정되면서 동법 제23조(공훈선양사업의 추진)에 의해 시행되고 있다. 대표적인 보훈교육 사업 현황을 보면, 보훈교육은 보훈정신 계승 연수, 보훈문화 체험활동, 학교와 연계한 보훈문화 교육 활성화 사업, 국내외 사적지 탐방 등의 형식으로 진행되고 있다.

이 중 보훈정신 계승 연수는 보훈가족, 초등학생, 중·고등학생 및 대학생, 부모님과 자녀, 교원 등을 대상으로 독립과 국토수호, 민주화 등 보훈 영역에 대한 올바른 역사 인식 정립을 주 내용으로 하고 있다. 보훈정신 계승 연수는 보훈교육연구원을 통해 위탁 실시하고 있다. 보훈문화 체험활동은 민간의 다양한 체험활동을 보훈의 영역에 접목한 '보훈 테마 활동'과 지역 내 현충시설 등을 방문하여 독립운동 및 국가수호, 민주화 등 국난 극복의 역사를 자연스럽게 체험하는 반일형 프로그램인 '보훈현장 탐방', 청소년들이 이·미용, 제과제빵, 돋보기 제작 등 봉사활동을 통해 보훈정신의 가치를 배우고 국가유공자에 대한 감사와 존경의 마음을 갖도록 하는 '청소년 보훈봉사 프로그램' 등을 실시하고 있다. 2018년부터는 IT기술을 도입한 체험 프로그램으로 'VR로 전하는 보훈이야기'를 추진, 독립·호국·민주 주제별 VR 콘텐츠를 제작하고 권역별 VR 체험존(기념관·학교 등)을 순회 운영하여 청소년들에게 쉽고 재미있는 보훈문화 체험 기회를 제공하고 있다.

학교와 연계한 보훈문화교육 활성화 사업은 학교 교육과정과 보훈문화교육을 연계한 학습 책자, 영상, 교안, 체험 교·구재 등 다양한 보훈학습 자료를 제작·보급하고 있다. 이와 함께 학교 현장에서의 보훈문화 교육에 대한 관심을 제고하기 위해 교장·교감·교사를 대상으로 지속적으로 연수 교육을 실시하고 교원 사이버 강의를 개발·운영하는 등 학교와의 연계를 위해 노력하고 있다. 국내외 사적지 탐방사업과 관련하여 국외 독립운동사적지 탐방 사업은 1994년부터 2015년까지 광복회 등 8개 단체에서 주관했다. 독립유공자와 유족, 후손, 초·중등학교 교원, 대학생 등을 대상으로 중국과 러시아 지역의 독립운동 사적지를 각 주관 단체별로 다르게 선정하여 실시했다. 이를 통해 청소년 등에게 독립유공자의 발자취와 왜곡된 역사를 올바르게 알림으로써 국가에 대한 자긍심과 나라사랑정신 함양에 기여했다. 2016년부터는 국가보훈처 직접사업 방식으로 변경되어 독립유공자와 후손·교원·대학생 외에 일반 국민도 공개 모집하여 대상을 확대하고 사적지를 직접 방문함으로써 숭고한 우리의 역사를 올바르게 이해하고 애국심을 함양하는 기회를 제공했다. 2020년에는 코로나19 감염병 위기상황에 따라 국내 보훈 사적지 탐방으로 운영하고, 4인 이하 개별 탐방으로 운영하여 많은 국민들이 참여할 수 있도록 했다(국가보훈처, 2021; 국가보훈처, 2022). 여기에서는 보훈문화 확산을 위한 보훈교육의 의미와 내용들을 간략하게 살펴보았다. 아래에서는 최근의 보훈교육 관련 주요 정책들을 살펴보고자 한다.

2. 보훈교육 관련 최근 주요 정책

위에서 살펴본 대로 우리 사회에서는 보훈문화 확산을 위한 노력이 주로 보훈교육을 통해 이루어지고 있으며, 이에 따라 보훈교육의 위상을 추측해 볼 수 있다. 보훈교육은 미래세대에게 나라와 우리 공동체의 소중함을 알려주는 가치교육의 핵심이다. 미래세대에게 근현대사 시기 어려움에 처했던 대한민국의 독립과 호국, 민주화를 위해 얼마나 많은 희생과 공헌이 있었는지, 그 역사적 현장에서는 무슨 일이 있었는지를 알리는 것은 오늘을 사는 세대의 의무이기도 하다. 빼앗긴 국권을 되찾은 독립의 역사, 전쟁의 화염으로부터 나라를 지켜낸 호국의 역사, 독재로부터 민주주의를 일궈낸 민주의 역사는 오직 우리 사회만이 가진 위대한 유산이며, 영원히 기억하고 전달해야 할 가치이다. 그래서 보훈교육은 국가유공자에 대한 예우와 존경이기도 하지만 미래세대에게 아픈 역사를 되풀이하지 않도록 하는, 그리고 이 공동체를 모두 함께 지키고 가꿔 나가기 위한 다짐이기도 하다.

오랜 기간 논란이 계속되고 있지만 우리의 교육은 아직도 입시 위주의 교육환경에서 크게 벗어나지 못하고 있다. 이런 가운데 보훈에 대한 학교 현장의 관심은 점차 약화돼 무관심한 주제가 될 우려마저 나오고 있다. 특히 지난 2015년 교육과정이 개정되면서 범교과 학습주제에서 보훈교육이 제외되고, 통일교육의 한 분야로 편입되면서 보훈교육이 설 자리도 크게 줄어들 상황에 처했다. 한편으로 교육 현장에서는 전인교육과 공동체의 가치를 중시하는 교육적 대안의 하나로 보훈교육의 필요성에 대한 문제 제기가 지속돼 왔다. 그러면서 수업시간에 즉각 활용할 수 있는 보훈학습 자료, 특히 학생들의 관심과 흥미를 끌 수 있는 영상학습 자료나 체험 교구 등에 대한 요구도 계속돼 왔다.

실제로 현장의 교사들은 학생들의 수준을 고려하지 않은 보훈학습 자료의 한계를 지적해 왔다. 특히 초등학생의 경우 중·고교생의 눈높이에 맞춰지고 역사적 사실 전달 위주로 구성된 기존 자료로는 효과적인 교육 자체가 어려운 상황이었다. 이에 따라 특히 2021년부터 보훈교육 주무부처인 국가보훈처는 초·중·고 대상별 맞춤형 교육자료, 최신 영상과 커뮤니케이션 기법, 기존 캐릭터 등을 활용한 교육자료 및 활용 시스템을 만드는 보훈교육 혁신을 추진하고 있다.

수요자 눈높이에 맞춘 콘텐츠 제작 등 든든한 보훈정책을 수행하기 위한 보훈교육 혁신과 관련하여 대표적인 노력들을 제시해 보면 다음과 같다. 먼저 중·고교생을 대상으로 제작한 학습영상을 교육방송(EBS)과 유튜브를 통해 배포하는 것이다. 교육방송과 협업으로 제작해 방송한 후 현장에서 활용하게 될 학습영상은 교육방송 역사교양 분야 대표 프로그램인 '지식채널 e' 콘텐츠 4편으로 제작되었다. 각각의 영상은 '독립', '호국', '민주', '보훈'을 주제로 준비되었다. 이 4편의 콘텐츠는 선열들의 독립운동 발자취 탐구, 6·25전쟁과 분단의 역사 속에서 나라를 위해 목숨 바친 분들의 희생을 기억해야 하는 이유, 대한민국의 민주주의가 뿌리내리기까지의 희생과 민주주의의 소중함, 오늘의 일상을 지켜주는 분들에 대한 감사와 실천 등으로 구성되었다. 특히 마지막 편은 오늘의 진정한 보훈이란 감사와 실천이 핵심이라는 취지로 미래세대가 희생과 공헌의 정신을 배우고 이를 실천으로 옮기도록 하는 데 중점을 두고 해외 사례 등을 다각적으로 분석하고 있다.

다음으로 초등학생 대상으로는 보훈 인물과 역사를 재미있는 만화와 기사, AR, 퀴즈, 체험교구로 쉽게 배울 수 있는 〈어린이 나라사랑〉 잡지를 창간한 일이다. 우선 2021년에는 시범사업으로 6월 호국보훈의 달과 11월 2회에 걸쳐 발간해 배포하였다. 6만여 부를 제작해 전국 6,120여 초등학교와 도서관에 배포된 이 잡지는 어린이 기자단을 구성해 어린이들이 직접 취재와 인터뷰 등의 과정에 참여토록 하였다. 6월에 발간된 봄·여름호에는 2017년부터 6·25전쟁 유엔참전용사의 헌신을 기억하는 프로젝트로 유엔참전국을 방문해 참전용사의 사진을 직접 찍어 액자로 전달하고 있는 사진작가를 취재한 내용이 실려 있기도 하다. 이 잡지는 가독성 높은 반응형 웹진으로도 함께 제작해 디지털 세대와 소통하는 매체로 활용할 계획이다. 이 웹진은 국가보훈처 보훈학습 자료 사이트인 '나라사랑 배움터'와 'TV나라사랑' 등 기존에 제작된 동영상과도 연계해 보훈교육 콘텐츠의 인지도와 접근성을 높이게 된다. 2021년도의 성과를 바탕으로 2022년도에도 상·하반기 두 차례에 걸쳐 〈어린이 나라사랑〉 잡지를 발간한다.

한편 국가보훈처는 청소년을 포함해 일반 시민들의 보훈에 대한 관심을 높이기 위해 인기 유튜버와의 협업을 통해 정보와 재미를 보훈에 접목한 영상을 시범 제작하는 사업도 추진하고 있다. '임시정부 로드'를 배경으로 한 뮤직 비디오에 이어 5·18민주화 운동의 배경인 광주 역사여행 토크쇼, 6·25전쟁을 테마로 한 강원 보훈역사 여행기, 유엔군 참전을 주제로 한 힐링 여행 영상 등이 잇달아 게시되었다.

이와 더불어 보훈교육 혁신이라는 정책을 추진하면서 가장 큰 기대를 모은 사업은 사상 처음 추진한 보훈교과서 개발과 적용이다. '나라사랑과 보훈'이라는 이름으로 준비한 고등학생용 보훈교과서는 보훈교과서의 필요성 및 중요성에 대해 교육부를 지속적으로 설득한 끝에 교육부 협업 사업으로 선정됐다. 2022년도부터 활용될 교과서 제작을 위해 2021년부터 여러 번의 개발 담당자 회의를 거쳐 교육과정과 집필 세부목차를 확정했고, 2022년 3월에 교과서 발간이 완료되었다. 국가보훈처는 보훈교과서 개발을 통해 교육현장에서의 보훈교육이 체계를 잡아가는 한편 보훈교육의 기본 방향과 함께 학교 보훈교육의 근간이 확보될 것으로 기대하고 있다(국가보훈처, 2022).

위에서 보훈교육 혁신의 대표적인 사례들을 간략하게나마 제시해 보았다. 보훈교육에 대한 혁신의 한 수단에서 각급 학교 학생과 시민을 대상으로 특화해 제작한 이런 보훈교육 자료들이 오늘 우리 현실에서 필요한 나라사랑의 마음을 확산시켜 우리의 미래와 공동체를 든든히 하는 좋은 동력이 될 수 있을 것으로 생각한다. 그리고 보훈교육의 지속적인 개선을 위해서는 보훈교육 학습 자료의 활용도를 제고하고, 체험·연수 프로그램에 교사 및 학생의 참여를 확대하기 위해 교육부 등과의 협업을 계속해서 강화할 필요가 있다. 더불어서 다양한 보훈교육 학습 자료 개발 및 보급을 위한 예산 등 여건 조성 등이 필요할 것이다. 이런 필요들을 하나씩 해결해 가면서 앞으로도 지속적으로 보훈교육 콘텐츠의 제작과 활용, 확산을 위해 노력해야 보훈교육이 국민통합과 평화구축이라는 우리 사회의 목표에 기여하게 될 것이다(조주현 외, 2014; 서운석, 2015).

다음은 위에서 보훈교육 혁신 사례 중 하나로 제시한 보훈교과서의 주요 내용과 의미를 좀 더 구체적으로 알아보도록 하겠다.

3. 보훈교과서의 주요 내용과 의미

1) 성격 및 목표

보훈교과서 『나라사랑과 보훈』은 한국 근현대의 독립·호국·민주 역사를 탐구하여 대한민국 발전의 역동성을 알게 하고, 보훈의식과 민주시민의식을 함양하기 위한 교과이다(황선익 외, 2022). 이 교과는 기초적으로 학습된 근현대사 이해를 바탕으로 주권을 되찾고 지키기 위해 희생한 국가유공자의 기여를 이해하는 데에 중점을 둔다. 특히 우리 사회의 발전은 독립·호국·민주라는 세 가치가 상호작용한 결과라는 점을 이해하고, 이것이 보훈의 주요 영역임을 알게 하는 데에 역점을 둔다.

이 교과는 근현대사 속 나라사랑의 역사를 보훈기념일, 보훈인물, 현충시설 등을 중심으로 학습함으로써 보훈의 개념을 구체적으로 이해하고, 현실적인 실천방안을 모색하도록 한다. 또한 한국사 과정에서 다뤄지고 있는 근현대사를 좀 더 깊이 있게 탐구할 수 있도록 한다. 나라사랑의 역사와 보훈을 이해하는 것은 청소년들이 책임 있는 공동체의식을 함양하고 민주시민의 자세를 연마하는 길이기도 하다.

보훈교과서의 이런 성격을 감안하여 제시하는 목표를 보면, 『나라사랑과 보훈』 과목은 학생들이 실제 자신의 삶과 연계한 공동체의 역사와 이를 관통하는 나라사랑의 의미, 국가유공자의 희생과 공헌을 학습하도록 한다. 독립·호국·민주 분야의 나라사랑과 보훈을 종합적으로 이해하고, 이를 통하여 공동체의 발전에 적극적으로 참여하는 주체적인 역량을 기르는 것을 목표로 한다. 또한 보훈문화의 이해와 국가유공자에 대한 존중을 통해 민주시민으로서의 시민성을 함양하는 것을 목표로 한다.

이런 기본적인 목표 설정과 관련하여 제시할 수 있는 구체적인 교육과정 목표는 다음과 같이 예시해 볼 수 있다.

가. 나라사랑의 역사 탐구와 보훈 개념의 이해

나. 독립·호국·민주의 역사와 국가유공자에 대한 이해

다. 독립운동의 가치 이해와 자립정신의 함양

라. 국가수호를 위한 희생과 보훈선양의 과제 탐구

마. 민주 헌정질서 수호를 위한 노력과 민주시민으로서의 자질 함양

바. 현대 우리 사회의 보훈 이해와 실천 가능한 역할 모색

2) 내용 체계 및 성취 기준

보훈교과서의 교과 성격과 목표를 달성하기 위한 내용 체계와 성취 기준을 제시하면 다음과 같다. 먼저 내용 체계는 내용 영역과 영역 요소로 구분하여 제시해 볼 수 있다. 내용 영역은 보훈교과서라는 교육과정 성격 및 목표를 감안하여 ① 보훈의 이해, ② 독립, 주권을 찾다, ③ 호국, 나라를 지키다, ④ 민주, 정의를 펼치다, ⑤ 오늘의 나라사랑 등 5개 영역으로 구성되었다. 각 내용 영역과 그에 따른 영역 요소를 제시하면 다음과 같다.

<표 1> 보훈교과서 내용 영역과 영역 요소

내용 영역	내용 영역 요소
보훈의 이해	· 국가공동체와 보훈 · 역사와 함께하는 보훈 · 일상에서 만나는 보훈
독립, 주권을 찾다	· 주권 침탈과 구국운동 · 3·1운동 · 대한민국 임시정부 · 학생독립운동과 민족문화수호운동 · 광복
호국, 나라를 지키다	· 6·25전쟁 · 유엔군 참전과 정전협정 · 서해수호
민주, 정의를 펼치다	· 4·19혁명 · 5·18민주화운동
오늘의 나라사랑	· 대한민국의 발전과 보훈 · 보훈 그리고 나

보훈교과서의 내용 체계에 따른 각 내용 영역의 성취 기준을 살펴보면 다음과 같다. 먼저 ① '보훈의 이해' 영역의 성취 기준을 보면, 국가공동체에서의 보훈의 의미를 이해하고, 보훈이 이뤄지는 방법과 내용 및 국가의 발전과 보훈의 역할에 대하여 알아본다. 우리나라 역사에 나타난 보훈의 모습과 발전과정을 살펴봄으로써 보훈이 국가의 존립과 유지에 미친 영향을 이해할 수 있게 하고, 보훈의 대상과 보답의 내용에 대하여 알아본다. 우리나라의 보훈 관련 기념일과 기념시설에 대한 이해를 넓히고 그와 관련된 역사를 배우며, 보훈 활동을 계획하거나 체험과 탐방

프로그램에 참가할 때 필요한 지식을 습득한다. 외국의 나라사랑과 보훈문화를 이해하고, 거기서 배워야 할 것이 무엇인지 찾아본다.

[1] 보훈과 국가공동체의 관계를 이해할 수 있고, 보훈의 개념, 역할, 원칙을 이해할 수 있다.
[2] 우리나라 보훈의 역사와 발전 과정을 살펴보고, 보훈의 대상과 보훈의 방식이 어떻게 변화했는지 이해할 수 있다.
[3] 보훈을 다루고 있는 기념일과 기념시설을 살펴보고, 각각이 추구하는 추모의 상징성에 대해 알 수 있다.

다음으로 ② '독립, 주권을 찾다' 영역의 성취 기준을 보면, 나라사랑의 구체적 탐구 내용으로 독립운동의 역사를 알아본다. 주권이 흔들리던 시기 주권회복운동과 일제강점을 이겨내기 위한 독립운동의 역사를 구체적으로 알아보고, 이에 대한 보훈의 방향과 실천방안을 생각해 보도록 한다. 독립운동의 기초적 개념 이해부터 3·1운동, 대한민국 임시정부, 학생운동과 민족문화수호운동 등 한국사 교과과정에서 다뤄지고 있는 근대사를 보훈의 관점에서 좀 더 심화해서 알아본다. 독립운동과 관련 있는 보훈기념일과 현충시설 등에 대해 학습함으로써 일상 속의 보훈, 우리 주변의 보훈 현장을 알도록 한다. 이를 통해 보훈에서 독립운동이 차지하는 의미와 보훈 실천방안을 주체적으로 알아본다.

[1] 독립운동의 개념과, 시대별 전개 과정을 구체적으로 알 수 있다.
[2] 근대 이후 주권의 개념에 대해 이해하고, 주권회복운동의 의미와 유형별 전개과
정을 이해할 수 있다.
[3] 독립운동과정에서 정립된 독립의 개념과 독립선언의 역사적 의의에 대해 생각
해 볼 수 있다.
[4] 3·1운동의 전개 과정과 역사적 현장, 역사적 의의에 다각적으로 이해할 수 있
다.
[5] 독립운동 과정에서 성장한 민권의식과 대한민국 임시정부의 부문별 활동을 구
체적으로 알 수 있다.
[6] 항일독립운동의 주역이었던 학생들의 항일정신과 6·10만세운동, 광주학생운동
등을 이해하고, 이를 학생의 입장에서 성찰할 수 있다.
[7] 민족문화를 수호하기 위해 전개된 다양한 노력들과 현재적 의미에 대해 알 수
있다.
[8] 광복과 건국의 의미에 대해 능동적으로 이해할 수 있도록 대한민국 임시정부, 조
선독립동맹, 조선건국동맹 등의 활동을 알아보고, 주체적인 관점에서 독립운동
의 성과를 알 수 있다.
[9] 3·1절, 광복절, 개천절 등 보훈 관련 정부기념일 제정 경위와 역사적 의의에 대
해 알 수 있다.
[10] 독립기념관을 비롯한 각종 독립운동 기념관에 대해 알아봄으로써 우리 주변의
독립운동 관련 현충시설에 다가갈 수 있도록 한다.

세 번째로 ③ '호국, 나라를 지키다' 영역의 성취 기준을 보면,
나라사랑의 구체적 탐구 내용으로 호국의 역사를 알아본다. 냉
전과 분단의 복합적 산물인 6·25전쟁의 배경과 전개과정을 이해
하고, 주요 전투를 이해함으로써 전쟁으로 인한 피해, 그리고 주
권을 지키기 위해 희생한 국가유공자의 활동을 이해할 수 있다.
6·25전쟁 이후 이어진 한반도의 긴장관계와 충돌의 역사에 대해
구체적으로 알 수 있다. 서해 등에서 일어난 무력충돌과 국가수

호의 역사를 다양하게 학습함으로써 한반도 평화수호의 필요성에 대해 성찰해 볼 수 있다.

---

[1] 6·25전쟁의 배경과 전개과정을 설명할 수 있다.
[2] 6·25전쟁의 주요 전투와 전쟁 중 일어난 피해에 대해 구체적으로 알 수 있다.
[3] 전쟁 중 주권 수호를 위해 활약한 학생, 소년 등 다양한 계층의 활약상을 설명할 수 있다.
[4] 유엔군의 참전과 국제사회의 지원, 정전협정이 의미하는 바에 대해 이해하고, 항구적 평화체제에 대해 생각해 볼 수 있다.
[5] 1950년대 이후 한반도 평화를 위한 우리의 노력과 희생에 대하여 설명할 수 있다.
[6] 서해에서 일어난 무력충돌의 배경과 구체적 내용을 설명할 수 있다.
[7] 분단 상황에서 계속되는 무력충돌의 원인과 이를 극복할 수 있는 방안에 대해 생각해 볼 수 있다.

네 번째로 ④ '민주, 정의를 펼치다' 영역의 성취 기준을 보면, 나라사랑의 구체적 탐구 내용으로 민주의 역사를 알아본다. 권위주의 정권에서 이뤄진 인권유린과 희생에 대해 알아보고, 이것을 극복하기 위해 일어난 민주혁명의 역사를 이해할 수 있다. 첫 번째 민주혁명인 4·19혁명이 추구한 민주정신과 이를 계승하며 이어진 민주화운동의 역사에 대해 이해할 수 있다. 군사독재에 대해 시민들의 민주의식이 어떻게 결집하고 성과를 이뤄갔는지 5·18민주화운동 등을 통해 구체적으로 알 수 있다. 이를 통해 보훈이 지향하는 민주의 구체적 내용을 이해하고, 성찰할 수 있다.

[1] 권위주의 정권에 대한 민주시민의 저항을 2·28민주운동, 3·8민주의거 등을 통해 이해할 수 있다.
[2] 4·19혁명의 배경과 전개과정을 구체적으로 파악하고 그것이 지향한 민주개념에 대해 이해할 수 있다.
[3] 군사독재정권의 민주헌정질서 파괴를 다양한 측면에서 이해하고, 이에 맞선 시민들의 민주화운동에 대해 단계별로 이해할 수 있다.
[4] 5·18민주화운동의 전개과정과 의미, 민주화정신을 계승하기 위해 노력해 온 경과를 구체적으로 이해할 수 있다.
[5] 민주화운동의 현장과 이를 지향하는 다양한 기념공간들을 알아봄으로써 우리 주변의 민주 역사 현장에 다가설 수 있도록 한다.

마지막으로 ⑤ '오늘의 나라사랑' 영역의 성취 기준을 보면, 우리나라의 경제적 발전과 성장을 가능케 한 원동력을 찾아본다. 우리 사회의 발전에 따라 보훈에서도 국제협력의 역할이 더욱 중시되고 있다. 국제협력과 관련하여 특히 6·25전쟁에 도움을 준 유엔참전국과의 교류협력 내용을 이해하고, 이런 사업의 의의와 현재적 가치를 보훈의 이념과 관련하여 이해한다. 보훈의식은 국민으로서의 자긍심과 올바른 역사의식을 통하여 우리 공동체의 안정과 발전을 위한 원동력으로 작용하게 하는 의식이라는 점을 이해한다. 청소년 대상 보훈 프로그램 참여, 현충시설·국립묘지 탐방, 보훈콘텐츠공모전 참여 등 다양한 활동을 통해 현재 내가 할 수 있는 나라사랑 실천방안에 대해 이해한다.

[1] 한강의 기적과 대한민국 발전에 공헌한 보훈의 역할을 이해할 수 있고, 유엔참전
국과의 교류협력을 통해 세계에 실현하는 보훈의 역할을 이해할 수 있다.
[2] 소방, 국방 등 우리 주변에서 접할 수 있는 보훈 관련 사례를 통해 보훈의식의 의
미와 가치를 이해할 수 있고, 청소년 대상 보훈 프로그램 참여 등 다양한 활동을
통해 현재 내가 할 수 있는 나라사랑 실천방안에 대해 이해할 수 있다.

3) 교수·학습 내용과 평가 내용

보훈교과서의 내용 체계 및 성취기준과 관련하여 설정한 교수·학습 내용과 평가 내용 가운데 먼저 교수·학습 내용은 다음과 같다.

가. 나라사랑과 보훈을 우리 근현대 역사적 흐름과 연계하여 인식하고, 이를 미래사회에 기여할 수 있는 능력으로 키워나가도록 지도한다.

나. 근현대 나라사랑의 역사를 사료·주제·인물·탐구·토론 학습 등 다양한 교수·학습 모형을 활용하여 그 흐름을 알게 하고, 중요 사건과 인물을 이해할 수 있도록 지도한다.

다. 정부기념일로 지정된 보훈 기념일의 제정 경위와 변천 과정을 다양한 학습 자료를 통하여 지도한다. 오늘날 보훈 기념일에 대해 학생 스스로 찾아보고, 그 뜻을 생각할 수 있도록 지도한다.

라. 독립·호국·민주 관련 현충 시설과 기념관에 대한 현장 또는 사이버 답사를 통해 역사적 사실과 기념의 맥락을 이해하고, 현재의 의미를 알 수 있도록 한다.

마. 교과서 내용에서 제시하고 있는 기념일에 따라 주제 순서를 조정하거나, 교사의 교과 전문성을 살려 주제별 심화학습을 추구하도록 지도한다.

바. 역사 학습의 기본 자료인 사료뿐만 아니라 지도, 연표, 그림, 사진, 문학 작품, 영화 등 다양한 학습 자료로 학습자의 흥미와 관심을 유발시켜 역사적·능동적 상상력을 발휘하도록 지도한다.

사. 문학 작품, 영상물 등을 학습 자료로 활용할 경우 역사적 사실과 허구를 구별할 수 있도록 지도한다.

아. 6·25전쟁과 유엔군 참전, 우리나라의 국제적 공헌, 세계 인권운동과 평화 정착의 의미를 고찰하고, 관련 인식을 함양하기 위해 다국적인 학습 자료를 활용하여 지도한다.

자. 학습자가 국가공동체와 나라사랑의 관계를 다양한 관점에서 이해하고, 이에 관련된 사례를 실생활 속에서 찾게 하여 보훈을 구체적으로 이해할 수 있도록 지도한다.

보훈교과서 '나라사랑과 보훈'의 교수·학습과 관련한 평가 내용은 다음과 같다.

가. 단순한 지식의 학습 정도를 평가하지 않고, 각 사건의 배경과 의의를 이해했는지, 보훈의 가치가 무엇인지를 알고 있는지에 중점을 두고 평가한다.

나. 독립·호국·민주의 역사 현장을 조사한 실제 또는 사이버 탐방 보고서를 통해 사고력 및 이해 능력 등을 평가한다.

다. 특정 주제별로 그룹 토론 등을 진행하여 역사적 상상력과 실천적 보훈 방안을 얼마나 이해했는지 점검한다.

라. 서술·논술형 평가를 통해 역사적 탐구력과 현재적 사고력과 비판력 및 창의력을 평가할 수 있다.

마. 수행평가의 타당도와 신뢰도를 확보하기 위해 자기 학습 평가, 동료 평가, 조별 평가 등 다양한 방법을 활용한다.

바. 학생 대상의 다양한 보훈프로그램에 참여하도록 유도하고, 실천적 보훈프로그램 계발을 시도하게 하여 이를 평가한다.

4. 보훈교과서 주요 내용과 의미

1) 보훈의 이해

1장 '보훈의 이해'에서는 보훈의 개념과 사회적 역할, 보훈의 대상과 기념의 방식 등에 대해 다룬다. 이를 통하여 역사 발전과 함께한 보훈의 변천을 통해 현대 보훈의 의의를 알 수 있게 한다. 보훈에 대한 이해를 도모하기 위하여 이 장에서는 ① '국가 공동체와 보훈', ② '역사와 함께하는 보훈', ③ '일상에서 만나는 보훈' 등으로 중단원을 구성하고 있다. '국가 공동체와 보훈'은 다음과 같은 내용을 중심으로 한다.

(1) 국가공동체에서 보훈이 갖는 의미
① 보훈은 국가를 위한 희생과 공헌을 정당하게 평가하는 것임
② 보훈은 국가를 위한 희생과 공헌에 상응한 물질적, 정신적 보답을 통하여 영예로운 생활이 유지·보장되도록 하는 것임
③ 보훈은 나라사랑정신을 전승함으로써 국가발전의 정신적 토대를 튼튼히 하기 위한 것임
④ 보훈의 방법과 내용은 먼저 국가를 위하여 헌신한 사람들을 찾아내어 최대한으로 보상하고 예우하는 것임
⑤ 보훈은 이와 함께 명예를 존중하고 공훈을 선양하며 기념하는 것임
(2) 국가의 발전과 보훈의 역할
① 보훈은 국가공동체를 온전하게 유지하게 함
② 보훈은 국가발전의 정신적 토대가 됨
③ 보훈은 국민의 정체성을 확고히 하고, 명예 존중의 국민정신을 함양하는 등의 중요한 역할을 담당함

'역사와 함께하는 보훈'은 다음과 같은 내용을 중심으로 한다.

---

(1) 보훈의 대상
① 일제로부터 조국의 자주독립(독립) 예) 독립유공자(순국선열·애국지사)
② 국가의 수호 또는 안전보장(호국) 예) 전몰/전상군경, 순직/공상군경, 참전유공자 등
③ 대한민국 자유민주주의의 발전(민주) 예) 4·19혁명부상자, 5·18민주유공자
④ 국민의 생명 또는 재산의 보호(공무) 예) 순직/공상공무원, 국가사회특별공로자
(2) 보훈의 내용
① 명예로운 생활이 가능하도록 보훈급여금(보상금, 수당 등), 교육지원(수업료 면제 등), 의료지원(진료, 재활, 요양), 취업지원(가산점, 의무고용, 직장알선 등), 대부지원(주택 우선 분양, 대부), 양육·양로보호, 재가복지, 조세·교통·통신·문화·사회복지 우대, 사망 시 예우와 국립묘지 안장 등의 지원정책이 있음
② 공훈선양과 나라사랑정신 함양을 위하여 독립운동 사료 수집, 독립유공자 포상, 기념일 행사, 국립묘지와 기념시설 건립·운영, 독립유공자 유해 봉환, 사적지 보존·관리, 유엔 참전용사의 명예선양과 참전국과의 교류·협력 등의 보훈정책을 수행하고 있음

'일상에서 만나는 보훈'은 다음과 같은 내용을 중심으로 한다.

---

① 보훈기념일은 함께 겪은 희생의 기억을 전승하고 나라사랑의 마음을 다짐하기 위한 것으로 우리나라 근현대사의 큰 흐름이 담겨 있음
② 보훈 관련 기념일은 현충일, 3·1절, 임시정부수립기념일, 4·19혁명 기념일, 6·25전쟁일, 5·18민주화운동 기념일, 유엔군 참전의 날 등 17개가 있음
③ 국가유공자의 숨결을 느낄 수 기억과 추모의 장소는 국립묘지(11개소), 무명용사의 묘, 기념관(97개소), 기념비, 조형물, 동상, 생가 등을 포함하여 총 2,250개소에 이름
④ 세계의 보훈문화와 관련하여 세계 각국은 다양한 형식의 시설과 행사를 수행하고 있음
⑤ 예를 들어 무명용사의 묘와 꺼지지 않는 불꽃, 기억과 추모의 꽃·음악·언어 등의 다양한 형태의 상징(symbol)이 있고, 보훈활동이 종교·문화·예술·체육 등의 영역으로 발전하고 있음

---

2) 독립, 주권을 찾다

2장 '독립, 주권을 찾다'에서는 주권 침탈의 위기 속에서 전개된 구국 운동과 일제 강점 속에서도 전개된 독립운동에 대해 다룬다. 그리고 독립운동과 관련된 기념일과 기념 공간을 주제별로 소개하고 있다. 보훈에 있어 독립이 갖는 의미를 이해하기 위하여 이 장에서는 ① '주권 침탈과 구국운동', ② '3·1운동', ③ '대한민국 임시정부', ④ '학생 독립운동과 주권 수호운동', ⑤ '광복' 등으로 중단원을 구성하고 있다.

'주권 침탈과 구국운동'에서는 다음과 같은 내용을 중심으로 한다.

---

① 한말의 주권 회복운동과 일제 강점기의 독립운동을 합하여 민족운동이라 함
② 1910년 대한제국의 주권을 강탈한 일제는 헌병과 경찰을 앞세운 폭압적인 무단통치로 한민족을 창살 없는 감옥에 가두고 독립운동을 탄압하였음
③ 일제의 주권 침탈에 우리 민족은 의병과 애국계몽으로 맞섰고, 국내외에서 주권을 되찾기 위한 의열 투쟁을 전개하는 등 주권 회복운동을 적극적으로 하였음
④ 일제의 침략에 맞서 항일 투쟁과 독립운동에 헌신한 순국선열을 기념하는 날이 보훈기념일 중 하나인 '순국선열의 날'임(11월 17일)

'3·1운동'은 다음과 같은 내용을 중심으로 한다.

① 1910년대 일제의 무단 통치와 제1차 세계 대전의 격변 속에서 국내외 민족운동 세력은 독립 달성을 위한 활동을 계속하였고, 1919년 고종의 서거를 계기로 민족 최대의 독립운동으로 발전하였음
② 1919년 3월 1일 조선이 독립국임과 조선인이 자주민임을 천명한 독립 선언서를 발표하고 만세 시위를 벌였음
③ 만세 시위는 국내는 물론이고 해외의 한인 사회에까지 파급되었음
④ 거족적, 거국적 투쟁으로 전개된 3·1운동은 대한민국 임시 정부 수립의 계기가 되었고, 이후 우리 민족은 독립운동에 확신을 가지고 총력적인 독립운동을 전개할 수 있는 기반을 마련하였음
⑤ 3·1절은 대한민국 임시정부가 국경일로 지정하고 매년 기념행사를 치렀으며, 광복 후에도 헌법에 명시된 독립정신을 되새기고 정부가 독립유공자를 찾아 예우하는 국경일로 치러지고 있음

'대한민국 임시정부'는 다음과 같은 내용을 중심으로 한다.

① 1917년 해외 독립운동가들이 발표한 대동단결 선언은 국민 주권론을 제기하여 이후 공화주의에 바탕을 둔 대한민국 임시정부 수립에 큰 영향을 주었음
② 1919년 상하이에서 수립된 대한민국 임시정부는 국민의 대표 기관이자 독립운동을 총괄하는 지도기관으로서 다양한 활동을 하였음
③ 대한민국 임시정부의 의회 성격을 갖는 임시 의정원은 헌법을 비롯한 각종 법률을 제정하고 국무위원 선출과 재정 편성 및 감사, 국정에 대한 견제 역할 등을 담당하였음

'학생 독립운동과 주권 수호운동'은 다음과 같은 내용을 중심으로 한다.

① 1926년 6·10만세 운동에 참여하면서 민족운동의 주체로서 더욱 자각하게 되었음
② 1929년 광주 학생 항일운동은 3·1운동 이후 최대 규모의 민족 운동으로 발전하였음
③ 1930년대 이후 일제의 민족문화 말살 정책에 대항해 우리말과 글, 역사를 지키려는 여러 노력이 전개되었음

'광복'은 다음과 같은 내용을 중심으로 한다.

① 대한민국 임시정부는 삼균주의에 바탕을 둔 건국 강령을 발표하고 신국가의 모습
으로 민주주의 확립, 사회 계급 타파, 경제적 균등주의 실현 등을 주창하였음
② 중국 화북지역에 근거를 둔 조선독립동맹과 국내의 조선건국동맹도 건국 강령을
만들어 신국가 건설의 꿈을 구상하였음

3) 호국, 나라를 지키다

3장 '호국, 나라를 지키다'에서는 6·25전쟁에서 나라를 지킨 사람들의 희생과 유엔군 참전의 의미 등을 다룬다. 아울러 정전 협정 후 이어진 무력 충돌의 양상과 국가 수호의 현실을 알아본다. 보훈에 있어 호국이 갖는 의미를 이해하기 위하여 이 장에서는 ① '6·25전쟁', ② '유엔군 참전과 정전 협정', ③ '서해 수'호 등으로 중단원을 구성하고 있다.

'6·25전쟁'에서는 다음과 같은 내용을 중심으로 한다.

(1) 6·25전쟁의 배경과 전개 과정
① 1948년 분단 정부 수립 후 남북 간의 군사적 충돌이 계속되며 한반도에 군사적 긴장이 고조되었음
② 1950년 6월 25일 북한의 기습 남침으로 시작된 6·25전쟁은 이후 유엔군의 참전과 중국군의 개입, 전선 교착과 휴전 협상으로 이어졌음
(2) 6·25전쟁 3대 전투
① 다부동 전투는 6·25전쟁 초기 북한군의 공세를 막아 내고 낙동강 방어선을 지켜 낸 전투임
② 인천 상륙작전은 1950년 9월 15일 유엔군과 국군이 인천에 상륙해 북한군의 배후를 강타함으로써 불리한 전세를 단번에 역전시킨 작전임
③ 장진호 전투는 북진하던 유엔군이 중국군의 개입으로 장진호 일대 계곡에서 포위되자 중국군의 포위를 뚫고 흥남까지 질서 있게 철수한 작전임
(3) 목숨 바쳐 나라를 지킨 사람들
① 6·25전쟁에는 군인과 경찰, 민간인, 학생 등 다양한 계층의 사람들이 나라를 지키기 위해 헌신하였음
② 재일학도의용군은 6·25전쟁에 자발적으로 참전한 재일동포임

'유엔군 참전과 정전 협정'은 다음과 같은 내용을 중심으로 한다.

(1) 유엔군 참전
① 6·25전쟁이 발발하자 유엔안전보장이사회는 북한군의 침략 행위를 규탄하고 이를 격퇴할 것을 결정한 두 차례 결의안을 채택하여 유엔군을 파병하였음
② 6·25전쟁 당시 16개국이 전투 부대를 파병하고 6개국이 의료 지원단을 제공하였으며, 물자 지원국 38개국을 포함하면 60개국이 한국을 지원하였음
③ 우리 정부는 유엔 참전국에 감사하고 유엔 참전용사의 희생과 공훈을 기억하기 위해 7월 27일을 '유엔군 참전의 날'로 제정하였음
(2) 정전협정 체결
① 1951년 6월부터 전쟁이 교착 상태에 빠지고 38도선 부근에서 치열하게 고지전이 전개되는 가운데 2년여에 걸쳐 휴전회담이 진행되었음
② 1951년 7월 10일 개성에서 첫 휴전회담이 시작된 이후 판문점으로 장소를 옮겨 회담이 계속되었고, 1953년 7월 27일 마침내 정전협정이 체결되었음
③ 우리 사회는 휴전협정 이후 현재까지 70년이 가깝도록 이를 유지하고 있는 형편임

'서해 수호'는 다음과 같은 내용을 중심으로 한다.

---

① 전후 서해에서는 북방 한계선(NLL)을 둘러싼 남북 간의 해상 충돌이 계속되고 있음
② 제2연평해전: 2002년 6월 29일 NLL을 침범한 북한 경비정을 물리치는 과정에서 6명이 희생되었음
③ 천안함 피격: 2010년 3월 26일 경계 임무 중이던 천안함이 피격되어 침몰하면서 47명이 희생되었음
④ 연평도 포격전: 2010년 11월 23일 북한의 무차별 포격과 이에 대응하는 과정에서 2명이 희생되었음
⑤ 서해 수호의 날: 정부는 서해 수호를 위해 희생된 55인을 기리고 국민의 안보 의식을 북돋우며 국토 수호의 의지를 다지기 위해 매년 3월 넷째 금요일을 '서해 수호의 날'로 정하여 기념식을 거행하고 있음

---

4) 민주, 정의를 펼치다

4장 '민주, 정의를 펼치다'에서는 4·19 혁명과 5·18민주화 운동을 통해 민주주의 헌정 질서 확립을 위한 노력을 다룬다. 각종 사료와 사진을 통해 민주주의 수호의 현장을 생동감 있게 접근할수 있다. 보훈에 있어 민주가 갖는 의미를 이해하기 위하여 이 장에서는 ① '4·19 혁명', ② '5·18민주화 운동' 등으로 중단원을 구성하고 있다.

'4·19 혁명'에서는 다음과 같은 내용을 중심으로 한다.

① 4·19 혁명은 1960년 국민의 지지를 잃은 자유당 정권의 3·15 부정 선거와 이승만 정부의 민주주의 파괴 행위에 항거한 민주화 운동임

② '2·28 민주 운동', '3·8 민주 의거', '3·15 의거'를 거치며 자유당의 부정 선거와 장기 집권 야욕을 종식하기 위한 국민적 공감대가 형성되었음

③ 4·19 혁명은 우리 역사상 최초로 국민들의 항쟁으로 독재 권력을 무너뜨린 사건임

'5·18민주화 운동'에서는 다음과 같은 내용을 중심으로 한다.

① 1979년 10·26 사건 이후 유신 체제가 사실상 붕괴되었으나, 정치적 야욕을 가진 신군부가 등장하여 12·12 군사 반란을 자행하고 국민들의 민주화 요구를 탄압한 것이 5·18민주화 운동의 원인임

② 5·18민주화 운동의 의미와 관련하여 1995년 12월 21일 '5·18 특별법' 제정으로 5·18민주화 운동에 대한 전환적 계기가 마련되었음

③ 이를 통해 국가 공권력의 위법한 행사를 법·제도적으로 확인하였음

④ 전두환, 노태우 등 5·18민주화 운동 무력 진압의 책임자들을 사법적으로 단죄하였음

⑤ 5·18민주화 운동은 1997년 국가 기념일로 지정되었고, 2002년 '5·18 민주 유공자 예우에 관한 법률'을 제정하여 5·18민주화 운동 관련자를 민주 유공자로 인정하였음

⑥ 2011년 5·18 기록물이 세계 기록 유산이 되었음

5) 오늘의 나라사랑

5장 '오늘의 나라사랑'에서는 대한민국 발전과 맥을 함께한 보훈의 변천에 대해 다룬다. 아울러 우리 주변에서 접할 수 있는 보훈 관련 사례를 통해 나라사랑의 실천 방안에 대해 알아본다. 보훈에 의 현재적 의미와 역할을 이해하기 위하여 이 장에서는 ①

'대한민국의 발전과 보훈', ② '보훈 그리고 나' 등으로 중단원을 구성하고 있다.

'대한민국의 발전과 보훈'은 다음과 같은 내용을 중심으로 한다.

---

(1) 한강의 기적과 대한민국의 발전
① 1950년 일어난 6·25전쟁으로 민주주의가 후퇴하고, 경제적으로도 참혹한 피해를 입었음
② 전쟁 직후 대한민국은 1인당 국민 소득 67달러의 세계 최빈국이었음
③ 수많은 사람들의 노력으로 우리나라는 '한강의 기적'을 이룩하였음
④ 현재의 우리나라는 1인당 소득 3만 3천 달러로, 세계 10위권 경제 강국으로 성장하였음
⑤ 원조를 받던 나라에서 원조를 주는 나라로 대한민국의 국제적 위상이 높아졌음
(2) 유엔 참전국과의 교류 협력
① 수많은 희생과 유엔 참전 용사들의 도움으로 지켜낸 현재, 당시 희생에 대한 기억과 보답이 중요함
② 오늘날 우리나라는 다양한 국제 보훈 사업을 통해 참전 용사들의 숭고한 희생을 기리고 있음

'보훈 그리고 나'는 다음과 같은 내용을 중심으로 한다.

---

(1) 보훈의식과 민주시민의식
① 독립, 호국, 민주가 오늘의 대한민국을 만든 애국의 세 기둥임
② 보훈의식은 국가와 사회의 안녕과 발전에 기여하게 하는 의식임
③ 보훈의식은 더 나은 사회를 지향하는 시민으로서 필요한 지식, 가치와 태도 등을 의미하는 민주시민의식으로 연결됨
(2) 우리 주변의 보훈
① 국가와 사회의 발전에 관심을 갖고 자신이 할 수 있는 역량으로 공헌하는 사람이 보훈을 실천하는 사람임
② 보훈은 시민의 가장 기본적인 책무일 뿐 아니라 국가와 사회를 위한 애국심의 원천임
③ 현재 할 수 있는 나라사랑 실천은 보훈 프로그램 참여, 보훈 콘텐츠 참여, 보훈탐방 참여 등 여러 가지가 있음

---

5. 보훈교육 발전을 위한 방향

교육이란 인간이 삶을 영위하는 데 필요한 모든 행위를 가르치고 배우는 과정이자 수단을 가리킨다. 이런 교육은 인간 형성의 과정이며 사회 개조의 수단이 된다. 교육은 바람직한 인간을 형성하여 개인생활에서나 가정, 사회, 국가생활에서 좀 더 행복하고 가치 있는 나날을 보내게 한다. 더 나아가 교육은 사회발전을 꾀하는 작용이다. 이 중에서도 제도화된 학교 내에서 이루어지는 교육인 학교교육은 현재 우리 사회에서 교육이 이루어지는 중요한 장소 중의 하나로서 그 의미가 크다. 물론 교육은 학교를 통해서만 이루어지는 것이 아니라 넓은 의미에서 가정과 사회에서도 이루어지고 있다. 그리고 이들은 상호 보완적인 성격을 지니고 있다.

그럼에도 우리 사회에서 학교교육은 다른 영역에서의 교육보다 더 중대한 의미가 있다. 학교는 제도화된 틀 속에서 전문적인 소양과 지식을 갖춘 교사가 일정한 연령층의 학생을 대상으로 교육 내용을 구성하여 계획적으로 교육하는 기관이다. 학교교육의 중요한 기능적 특징 중에서도 사회문화를 전승함으로써 사회의 유지와 존속을 가능하게 한다는 점이 특히 중요하다. 이와 함께 학교교육은 사회변화 및 발전의 기능을 한다는 점도 주목할 기능이다. 그리고 학교교육과 관련해서 교과서의 위상을 간과할 수 없다. 교과서는 학교에서 교육을 위해 사용하는 학생용의 주된 교재라고 정의할 수 있다. 교과서는 학습내용을 제시하고 이를 학생이 탐구해 나가도록 하며, 학생의 학습동기를 유발하는 기능이 있다. 또한 학생에게 학습내용을 구조화시키기도 하며 학습과제를 제시하는 역할도 한다. 이런 학교교육의 기능적 특징은 보훈의 목적, 기능과 관련해서도 연관되는 점이 많다.

대한민국의 오늘은 국가를 위하여 희생하거나 공헌한 분들의 숭고한 정신으로 이룩된 것이다. 그래서 우리와 우리의 후손들이 그 정신을 기억하고 선양하며, 이를 정신적 토대로 삼아 국민통합과 국가발전에 기여해야 한다. 이런 과제를 실질적으로 실천하는 것이 보훈의 기본이념이다. 이를 효과적으로 실천하는 것은 우리 사회에 보훈문화가 정착하는 것으로 나타난다. 이런 보훈문화의 창달을 위하여 국가와 지방자치단체는 희생·공헌자의 공훈과 나라사랑정신을 기리고 예우하는 일에 적극 노력하여야 한다. 그리고 이런 보훈문화와 관련하여 국민의 나라사랑정신 함양교육은 중요한 사업이다. 특히 앞으로 우리 사회의 주역이 될 청소년들에게 나라사랑정신 함양교육은 더욱 중요한 사업이 된다. 이와 관련하여 최근 국가보훈처에서 고등학생을 위한 보훈교과서를 개발하였다. 보훈교과서의 주요 내용과 의미는 위에서 간략하게 살펴보았다. 학교교육과 교과서의 위상과 의미를 고려할 때 보훈교과서 개발 사업은 보훈교육이 일보 전진하는 데 주목할 성과라고 할 수 있다.

보훈교과서 개발의 의의를 인정하면서 앞으로 일부 보완할 방향을 살펴보겠다. 먼저 오늘의 대한민국은 조국독립과 국가수호, 민주화를 위한 국가유공자의 희생과 헌신 위에 서 있다는 점에서 독립, 호국, 민주의 역사를 부각하고 있는 점은 타당하다. 그러나 '한국사' 교과서와의 차별에 더욱 신중해야 할 것으로 본다. 현재 한국사 교과서에서도 근현대사의 비중이 높은데 보훈교과서에서도 중복되는 시기를 다루고 있다. 한국사 교과서와 보훈교과서에서 이를 어떻게 구별하여 다루어야 할지 더욱 고민이 있어야 할 것이다.

둘째, 국가유공자와 보훈가족의 희생과 헌신에 최고의 예우로 보답하고 그 숭고한 정신을 국민과 미래세대에 전하는 보훈은 국민의 마음을 하나로 모으는 통합의 힘이며 국가발전의 원동력이다. 이런 의미에서 보훈교과서는 미래 세대들이 국가유공자와 보훈가족의 희생과 헌신에 어떻게 예우하고 보답할지 제시하는 내용이 강화되어야 할 것으로 본다. 이와 함께 국민의 마음을 하나로 모으는 통합의 힘이 얼마만큼 중요하며, 이런 통합의 힘이 국가발전과 어떤 연관이 있는지 충분히 느낄 수 있는 내용이 보강되어야 할 것이다.

셋째, 일상 속에서 애국을 기억하고 존경하는 보훈문화가 사회 전반으로 확산될 수 있도록 힘쓰는 일은 우리 사회의 과제이다. 이런 과제를 실현할 수 있는 방안을 학생들이 스스로 탐구할 수 있게 하는 내용이 더욱 강화되어야 할 것으로 본다.

마지막으로 조국독립과 국가수호, 민주화와 더불어 국민의 생명과 재산 보호를 위한 국가유공자의 희생과 헌신 또한 보훈의 중요한 대상이다. 국민의 생명과 재산 보호를 위한 희생과 헌신은 민주사회를 지탱하는 중요한 토대이며, 이는 민주시민의식으로 연결된다. 보훈의식과 민주시민의식과의 관련성과 보훈문화가 우리 사회의 평화와 발전을 위해 어떤 역할을 해야 하는지 제시하는 내용이 보강되어야 할 것으로 본다.

보훈교과서 보완 방향과 더불어 보훈교육의 여건 변화 및 발전 방향을 살펴보고자 한다. 보훈교육과 관련해서, 먼저 스마트폰을 신체의 일부처럼 사용하는 세대가 점차 사회의 주류가 되고 있다. 저출산으로 가정 당 자녀수는 줄고, 맞벌이 가정이 증가함에 따라 이 세대는 집단생활을 경험하기 쉽지 않다. 또한 '나'를 중시하는 문화와 경제적 양극화·장기침체가 복합적으로 작용하여 각자도생 분위기가 확산되고 있다. 기술화·세계화·근대화의 속도가 빠르고 불확실성이 커진 오늘날을 위험사회라고도 정의하고 있다. 거대한 망 안에 개개인이 촘촘히 연계된 사회이기에 위험의 파급력은 더욱 크다. 이러한 위험은 원자화된 개인의 노력으로는 극복하기 어려우며 극단으로 치닫지 않기 위해서는 공공성과 다양성, 책임성을 발휘하는 시민들의 힘이 필요하다. 따라서 효과적인 보훈교육을 실시하여 청소년들이 공동체 의식과 국가에 대한 자긍심을 가지고 건전한 민주시민으로 자라날 수 있도록 하는 것은 매우 중요한 국가적 과제라 할 수 있다.

다음으로 독립유공자에 대한 공훈선양에서 출발하여 민족정기 선양교육으로 이어진 보훈교육은 보훈대상자들뿐 아니라 전 국민들의 올바른 국가관 확립과 애국심 고양을 위한 교육으로 그 저변이 크게 확대되어 왔다. 그러나 그 내용이나 방향에 대해 사회 전반의 공감대를 얻지 못한 채 정부 주도의 일방적·주입식 교육이 이루어졌다는 평가를 받기도 한다. 한편에서는 보훈교육이 정치적·이념적 편향성 논란을 일으키기도 하였다. 이로 인해 관련 예산이 대폭 삭감되는 등 사업이 축소되고 보훈에 대한 부정적 인식이 생겨나기도 하였다. 이에 따라 보훈교육이 다소 소극적으로 추진되는 경우도 있었다. 이런 문제들은 결과적으로 나라를 위해 희생·공헌하신 분들의 숭고한 정신을 기억하고 감사하는 문화를 사회 전반에 조성하는 데 걸림돌이 된다. 따라서 보훈교육은 정부 주도 방식보다는 국민의 능동적 참여를 전제로 해야 한다. 이를 위해 정부와 일정한 거리를 둔 독립법인이 주체가 되어 민간과 상호 협력 하에 추진할 때 정치적 중립성을 확보하고 보훈문화 확산에 기여할 수 있을 것이다.

이와 함께 보훈교육과 관련한 여건으로 비대면 교육 수요의 증가, 스마트폰 및 태블릿 PC의 대중화 등과 같은 교육환경의 변화를 들 수 있다. 이런 여건 변화에 발맞춰 보훈교육 역시 온·오프라인 융합형 교육으로 전환해야 할 필요성이 커지고 있다. 이러한 변화를 통해 디지털 기기에 익숙한 청소년들의 관심과 흥미를 이끌어 낼 수 있다. 동시에 청소년들이 함께 참여할 수 있는 창의적인 교육콘텐츠 및 교육방법을 적극 개발하여 보훈문화 확산의 효과를 높이도록 해야 할 것이다(임숙경·서운석, 2014; 서운석, 2017; 국가보훈처, 2022).

위에서 보훈교과서 주요 내용과 의미를 살펴보고, 보훈교과서 보완 방향과 더불어 전반적인 보훈교육 발전을 위한 방안을 살펴보았다. 우리의 근현대사는 일본 제국주의 강점, 전쟁, 독재체제로 이어지는 어두운 역사를 안고 있지만, 독립운동, 국가 수호, 민주 혁명이라는 빛나는 역사도 갖고 있다. 독립·호국·민주로 집약되는 나라사랑의 역사는 지금의 대한민국을 있게 한 원동력이 되었다. 이런 원동력이 있기에 우리 사회는 지금 세계 10위권의 경제 대국 그룹에 들어가 있다. 그리고 이를 기반으로 우리 사회는 자유와 인권의 보편적 국제 규범을 지지하고 수호하는 글로벌 리더 국가로서의 역할을 수행하고 있다. 이런 대한민국의 오늘은 국가유공자들이 바라던 바로 그 모습일 것이다. 보훈교과서를 비롯한 보훈교육이 이런 국가유공자의 뜻을 명확하게 전하고, 우리를 포함한 국제사회의 발전과 평화의 진전에 기여할 수 있도록 더욱 발전시켜 나가야 할 것이다.

보훈선양과 보훈교육, 그 공공철학적 접점 / 이찬수

국가보훈처. 2011. 『보훈50년사: 1961-2011』.

김구. 2017. 「나의 소원」, 『백범일지』, 양윤모 옮김, 더스토리.

김육훈. 2015. 「국가주의 역사교육 그 너머를 향하여」, 『역사와 교육』 11.

김태창. 2010. 『상생과 화해의 공공철학: 중국과의 대화·공동·개신』, 조성환 옮김, 서울: 동방의 빛.

방지원. 2016. 「초등 역사교육에서 국가주의와 애국심 교육: 제3차~제5차 교육 과정기 〈국사〉, 〈사회〉 교과서를 중심으로」, 『역사교육연구』, vol.26.

사이토 준이치. 2009, 『민주적 공공성』, 윤대석 외 옮김. 서울: 이음.

서울대학교교육연구소 편. 1998. 『교육학대백과사전』, 하우동설.

심성보. 2010. 「애국심과 민주주의가 결합된 민주시민교육:애국주의 논쟁을 중심으로」, 한국초등도덕교육학회, 『초등도덕교육』 제34권.

요한 G. 피히테. 2002. 『학자의 사명에 관한 몇 차례의 강의』, 서정혁 옮김, 서울: 책세상.

이찬수. 2021a. 「보훈의 역사와 철학, 그리고 과제」, 『보훈학개론』, 서울: 모시는사람들.

이찬수. 2021b. 「삼각뿔보훈: 독립, 호국, 민주의 조화와 국민통합의 논리」, 『보훈, 평화로의 길』, 서울: 모시는사람들.

정유성. 2006. 「국가주의 의무교육 비판 연구: 성숙한 시민사회 새로운 교육의 공공성을 위하여」, 『사회과학연구』 제14집 2호.

정은해. 2000. 『자유교육의 철학』, 서울: 원미사.

한나 아렌트. 1996. 『인간의 조건』, 이진우 외 옮김, 파주: 한길사.

한나 아렌트. 2005. 『과거와 미래 사이』, 서유경 옮김, 서울: 푸른숲.

마르퀴 드 콩도르세. 2002. 『인간 정신의 진보에 관한 역사적 개요』, 장세룡 옮김, 서울: 책세상.

Heidegger, Martin. 1988. Schelling: Vom Wesen der menschlichen
Freiheit(1809), Frankfurt am Main: V.Klostermann.

제4차 산업혁명시대 미래교육을 위한 보훈교육 모형 탐구 / 옥장흠

강병준. 2017. 「인공지능과 인간의 공존시대」, 『제4차 산업시대 대한민국 미
래교육보고서』, 서울. 광문사.

김상균. 2021, 『메타버스』, 화성: 플랜비디자인.

김종서·이영덕·정원식. 1989. 『최신교육학개론』. 서울: 교육과학사.

교육부. 2021. 『2022 개정 교육과정 총론 주요사항(시안)』. 교육부 교육과정
정책과.

미래교육연구회. 2022. 『미래교육 이야기』. 서울: 교육과학사.

박동열. 2017. 「학벌보다 능력중심 사회가 정착된다」, 『제4차 산업시대 대한
민국 미래교육보고서』, 서울: 광문사,

박성익·임철일·이재경·최정임·조영환. 2021. 『교육공학과 수업』, 서울: 교육
과학사.

변문경 외. 2021. 『메타버스 에듀테크』, 서울: 다빈치books.

변영계 외. 2007. 『교육방법 및 교육공학』, 서울: 학지사.

보훈교육원. 2013. 『교사용 참고자료, 나라사랑교육』, 보훈교육원.

안종배. 2017. 「제4차 산업혁명시대 대한민국 미래교육의 목적」, 『제4차 산업
시대 대한민국 미래교육보고서』, 서울: 광문사.

안종배. 2017. 「대한민국 미래교육의 10대 혁신과제」, 『제4차 산업시대 대한
민국 미래교육보고서』, 서울: 광문사.

안종배. 2021. 『인공지능이 바꾸는 미래세상과 메타버스』, 경기 파주: 광문각.

옥장흠. 2013. 「탈무드 절기교육의 기독교 교육적 적용방안에 관한 연구: 이
야기 교육방법을 중심으로」, 『기독교교육논총』 34.

유영만. 2017. 「지식생태계의 대변환이 일어난다」, 『제4차 산업시대 대한민국
미래교육보고서』, 서울: 광문사.

유진은. 2021. 『AI시대 빅데이터 분석과 기계적 학습』, 서울: 학지사.

이기혁·강선준. 2020. 『ICT융합보안의 이해』, 서울: 진한엠앤비.

이민경 외. 2017. 『플립러닝의 이해와 실제』, 경기 파주: 교육과학사,

이용순. 2017. 「사라지는 직업, 떠오르는 직업」, 『제4차 산업시대 대한민국 미래교육보고서』, 서울: 광문사.

이찬수. 2021. 「삼각뿔 보훈: 독립-호국-민주의 조화와 '국민통합'의 논리」, 『보훈연구』 10(2).

이현청. 2019. 『제4차 산업혁명과 대학의 미래』, 서울: 학지사.

전성연 외. 2007. 『협동학습모형탐색』, 서울: 학지사.

전찬희. 2017. 「보훈에 관한 헌법적 고찰」, 『보훈연구』 6(1).

정경환. 2012. 「국가보훈의 이념과 한국의 통일전략의 방향」, 『보훈연구』 1(1)

조규락 외. 2006. 『교육방법 및 교육공학』, 서울: 학지사.

주형근·김선태. 2017. 「사회적 자본이 경쟁력이 된다」, 『제4차 산업시대 대한민국 미래교육보고서』, 서울: 광문사.

차우규. 2020. 『보훈교육 활성화를 위한 효과적인 교육 프로그램 개발』, 국가보훈처.

한정석. 2021. 『4차 산업혁명과 대학의 교육혁신』, 경기 파주: 교육과학사.

황농문. 2018. 「지식이 아니라 창의성을 교육해야 하는 이유」, 『창의혁명』, 서울: 대성.

Holmes·Bialik·Fadel. 2019. 정제영·이선복 편역, 『인공지능 시대의 미래교육』, 서울: 박영.

Allan C. Orstein Francis P. Hunkins, 장인실 외 11인 공역. 2007. 『교육과정』, 서울: 학지사.

알파세대를 위한 미래 보훈교육 탐구 / 김동심

교육부. 2021. 『2021년도 교육정보화 시행계획』.

국가보훈처. 2013. 『2013년도 국가보훈처 나라사랑의식지수 조사 보고서』.

국가보훈처. 2014. 『2014년도 국가보훈처 나라사랑의식지수 조사 보고서』.

국가보훈처. 2015. 『2015년도 국가보훈처 나라사랑의식지수 조사 보고서』.

국가보훈처. 2016. 『2016년도 국가보훈처 나라사랑의식지수 조사 보고서』.

국가보훈처. 2017.『2017년도 국가보훈처 나라사랑의식지수 조사 보고서』.

국가보훈처. 2018.『2018 소프트웨어 융합형 보훈 학습지도안 경진대회』. 8월 31일자 보도자료.

국가보훈처. 2021.『대국민 '보훈' 인식조사 결과 발표』. 6월 29일자 보도자료.

김병조. 2020.『보훈의 미래: MZ세대와 어울리는 보훈문화』. 모시는 사람들.

김성영. 2010.「청소년의 보훈의식과 나라사랑 정신함양 방안」.『한국보훈논 총』 9.

대학내일20대연구소. 2020.『코로나19 이후, 세대별 사회 및 국가 가치관 비 교』.

문화재청. 2021.「강원도로 찾아가는 '디지털문화유산 이동형체험관'」. 11월 10일자 보도자료.

서운석. 2012.「한국 청소년의 의식 현황 분석: 경기지역 대상 보훈 관련 의식 을 중심으로」.『신안보연구』. 173.

서운석. 2014.「청소년의 나라사랑의식 국가 간 비교: 한·미·일·중을 중심으 로」.『한국보훈논총』, 13(2),

안성호. 2011. "청소년 보훈· 안보교육 활성화방안"『한국보훈논총』10: 117-141.

유영옥. 2015.『나라사랑교육』. 국가기록원.

임경남·나태종. 2016.「체험을 통한 나라사랑교육 활성화 방안」.『한국보훈논 총』, 15(2).

정현영. 2004.「대학생들의 혹구보훈의식에 관한 연구¹-」.『한국보훈논총』 3(1).

차우규·이정환·오미정·조가연·박종익·박성서. 2020.『보훈교육 활성화를 위한 효과적인 교육 프로그램 개발』. 국가보훈처, 한국교원대학교.

홍지연·김영식. 2018.「Novel Engineering을 적용한 SW융합형 호국보훈 수 업 방안」.『한국정보통신학회』, 2018.

통일교육과 보훈교육의 조화 / 채경희

김인옥. 2003.『김정일 장군 선군정치리론』. 평양: 평양출판사.

김정은. 2016. 「조선로동당 제7차대회에서 한 당중앙위원회 사업총화보고」. 『로동신문』 2016.8.4.

김정은. 2012. 「김일성 탄생 100주년 대중연설[전문]」. 『로동신문』 2012.4.15.

김정은, 2018. 「신년사」. 『로동신문』 2018.1.1.

김교환. 1999. 「통일환경의 변화와 통일교육의 방향」. 『人文社會敎育硏究』Vol 9.

김재한. 2007. 「대북정책과 통일교육정책」. 『통일전략』(한국통일전략학회) Vol.7 No.2.

김홍수·조수경. 2019. 「문재인 정부의 통일교육: 변화와 지속성 탐색」. 『도덕윤리과교육』(한국도덕윤리과교육학회)제62호.

박찬석. 2008. 「새로운 남북관계의 조성과 통일교육의 방향」. 『도덕윤리과교육』(한국도덕윤리과교육학회)제27호.

배성인. 2003. 「북한 '핵'문제의 쟁점과 해법 모색 : 2002년 10월 핵문제를 중심으로」. 『北韓硏究學會報』(북한연구학회) Vol.6 No.2.

보훈교육연구원. 2013. 『나라사랑교육』. 수원: 보훈교육연구원.

오기성. 2018. 「학교 통일교육의 사회적 합의를 위한 탐색: 독일과 한국의 사례를 중심으로」. 『교육문화연구』제24-5호.

_____. 1998. 「북한의 현실상과 올바른 통일관 정립교육-학교 통일교육의 신 패러다임 구성-」. 『統一問題와 國際關係』Vol 9.

오덕열. 2018. 『평화학 기반의 통일교육 실천을 위한 비판적 실행연구』(연세대학교 교육대학원 박사학위논문).

오일환. 2015. 「통일교육의 지향점으로서의 국가보훈」. 『통일전략』(한국통일전략학회) Vol.15 No.4.

_____. 2011. 「국가보훈과 국가정체성」. 『민족사상』(한국민족사상학회) Vol.5 No.1.

이시연. 2019. 『북한 원조의 정치 경제학 : 1950년대 소련·중국·동유럽 사례』(이화여자대학교 대학원 박사학위논문).

이홍종. 2015. 「박근혜정부의 한반도 신뢰프로세스정책」. 『정치정보연구』(한국정치정보학회) Vol.18 No.1.

정경환. 2015. 「국가보훈과 통일교육의 이념 간의 상관성」. 『통일전략』(한국통일전략학회) Vol.15 No.4.

_____. 2014. 「한반도분단체제의 성격과 통일전략의 방향」. 『통일전략』(한국

통일전략학회) Vol.14 No.1.

정희태. 2010.「학교 통일교육의 변천과정과 방향」.『통일전략』(한국통일전략
학회) Vol.10 No.2.

조 민. 2008.「이명박 정부 대북·통일정책 추진방향」.『統一 政策 研究』(통일
연구원) Vol.17 No.1.

통일교육원.『평화·통일교육 방향과 관점』, 서울: 통일교육원.

한만길. 2018.「평화통일교육의 방향과 내용 고찰」.『統一 政策 研究』(통일연
구원) Vol.28 No.1.

황인표. 2020.「새 도덕과 교육과정에서 통일교육 내용의 설정 원리」.『도덕윤
리과교육』(한국도덕윤리과교육학회)제69호.

보훈교과서 주요 내용과 의미 / 서운석

국가보훈처. 2021.『보훈 60년사』. 세종: 국가보훈처.

국가보훈처. 2022.『2021년도 자체평가 결과보고서』. 세종: 국가보훈처.

김종성. 2017.「국가유공자 보상 및 예우 강화」.『행정포커스』130.

서운석. 2015.「청소년을 대상으로 하는 나라사랑교육 프로그램 모색」.『보훈
연구』4(2).

서운석. 2016.「주요 OECD국가들의 보훈선양의식 분석」.『한국보훈논총』
15(2).

서운석. 2017.「학도의용군을 포함한 국가유공자 선양의식 제고 방안」.『보훈
연구』6(1).

서운석. 2021.「보훈선양과 교육, 그리고 문화」. 이찬수 외.『보훈학 개론: 보
훈학으로의 초대』. 서울: 모시는사람들.

임숙경·서운석. 2014.「성인 대상 나라사랑교육 프로그램 개발에 대한 연구」.
『보훈연구』3(1).

조주현 외. 2014.「호국인물 선양 현황과 정책 방안-중등 역사교과서 분석을
중심으로」.『보훈연구』3(2).

황선익 외. 2022.『고등학교 나라사랑과 보훈』. 제주: 제주특별자치도교육청.

보훈교육연구원 보훈문화총서16

보훈과 교육

등록 1994.7.1 제1-1071
1쇄 발행 2022년 10월 10일

기   획 보훈교육연구원
지은이 이찬수 옥장흠 김동심 채경희 서운석
펴낸이 박길수
편집장 소경희
편   집 조영준
관   리 위현정
디자인 이주향
펴낸곳 도서출판 모시는사람들
         03147 서울시 종로구 삼일대로 457(경운동 수운회관) 1207호
전   화 02-735-7173, 02-737-7173 / 팩스 02-730-7173
홈페이지 http://www.mosinsaram.com/

인   쇄 (주)성광인쇄(031-942-4814)
배   본 문화유통북스(031-937-6100)

값은 뒤표지에 있습니다.
ISBN 979-11-6629-139-5   04300
세트 979-11-6629-011-4   04300